Ali Güngörmüs

Meine Aromenküche

mediterran – orientalisch – besonders

Ali Güngörmüs

Meine Aromenküche

mediterran – orientalisch – besonders

Inhalt

Warum ich dieses Buch geschrieben habe

Als ich 2014 das *Pageou* in München eröffnet habe, war die erste Herausforderung, die Ausrichtung der Küche festzulegen und einen passenden Namen zu finden. In meinem Gourmetrestaurant *Le Canard* in Hamburg habe ich klassisch und frankophil gekocht. Im Laufe der Zeit haben meine Gäste mich immer wieder darauf angesprochen, warum ich nicht türkisch koche. Die Frage hat mich fast geärgert, ich wollte das nie. Im Nachhinein verstehe ich, dass die Leute meine Heimat, meine Herkunft schmecken wollten. Hier im *Pageou* wollte ich etwas Neues wagen, anders kochen, mutiger kochen.

Es war gar nicht so einfach, einen guten Namen zu finden, denn ich wollte dem Restaurant einen Teil von mir geben: meine Geschichte, meine Küche, die Aromen, die ich verwende. All das sollten die Gäste im Namen wiederfinden.

Ich habe mich also gefragt: Wer bin ich? Wo komme ich her? Wo sind meine Wurzeln? In Pageou (Ostanatolien) haben wir Tiere gehalten, haben Gemüse und Obst angebaut. Den Geschmack dieser frischen Produkte werde ich nie vergessen. Die Art, wie meine Mama daheim gekocht hat, mit selbst gemachten Milchprodukten, frischem Gemüse, Kräutern und Gewürzen, im Winter mit getrockneten Früchten – das alles macht mich und meine Küche aus. Warum also sollte ich das Restaurant nicht *Pageou* nennen, wenn mich dieser Ort doch so sehr geprägt hat?

Wenn ich jetzt die Köche und Gäste im *Pageou* sehe, weiß ich, dass ich die richtigen Entscheidungen getroffen habe. Und natürlich fragen die Gäste immer wieder, in welchem Kochbuch die Rezepte zu finden sind. Hier kommen sie!

Die saisonale, mediterrane Küche ist die Basis für die Rezepte in diesem Buch. Aber die orientalischen Aromen, die türkischen und exotischen Einflüsse machen die Gerichte zu etwas Besonderem. Mein Ziel ist es, aus einfachen Produkten das Beste herauszuholen – und mithilfe der Kräuter und Gewürze den Gerichten ein ganz außergewöhnliches Aroma zu geben.

Viel Spaß und Freude mit meinem Buch

wünscht euch euer Ali

VORSPEISEN

Der perfekte Einstieg

Karottenhummus, Spinatsalat, Feta, Sesam

Hummus ist in meiner Küche, meiner Heimat ein absoluter Klassiker. Die Version mit Kichererbsen kennt natürlich jeder. Deswegen probiere ich gerne neue Variationen und andere Zutaten aus, wie hier mit Karotten – einfach lecker!

Für 4 Personen

Karottenhummus
1 Zwiebel
1 Knoblauchzehe
30 g Ingwer
4 EL Olivenöl
800 g Karotten
½ EL gemahlener Kreuzkümmel
Salz
200 ml Geflügelfond
1 EL Joghurt
Saft von 1 Zitrone

Spinatsalat
80 g Feta
200 g Babyspinat
1 EL weißer Sesam, geröstet

Marinade
Saft von 1 Zitrone
20 ml Mirin (süßer jap. Reiswein)
10 ml Weißweinessig
30 ml Sonnenblumenöl
Salz
15 g Zucker
1 Prise Chiliflocken

Zwiebel und Knoblauch abziehen, den Ingwer schälen. Die Zwiebel in grobe Würfel schneiden, Ingwer und Knoblauch reiben. 2 EL Olivenöl in einem großen Topf erhitzen und die drei Zutaten darin anschwitzen. Die Karotten schälen und in etwa 1 cm dicke Scheiben schneiden; in den Topf geben und mitschwitzen lassen. Das Gemüse mit Kreuzkümmel und Salz würzen, dann den Geflügelfond angießen. Einen Deckel auf den Topf legen und die Karotten bei mittlerer Temperatur in etwa 30 Minuten weich köcheln lassen. Den Deckel abnehmen und das Gemüse noch so lange kochen, bis die Flüssigkeit komplett verdampft ist. Das Gemüse mit dem Stabmixer fein pürieren und mit dem restlichen Olivenöl (2 EL) und dem Joghurt verfeinern. Den Karottenhummus mit Salz und Zitronensaft abschmecken.

Den Feta in kleine Stücke bröseln. Den Spinat waschen, trocken schleudern und mit Feta und Sesam vermengen.

Die Zutaten für die Marinade gut verquirlen und unter den Spinat mengen. Den Spinatsalat auf dem Hummus verteilen und servieren.

Gemüse-Spargel-Salat, Burrata, Serrano, Taggiasca-Oliven

Dieses Gericht ist eine super Variante für Spargel. Die Aromen von Burrata und Serrano – beides kombiniere ich gerne miteinander – runden das Spargelgericht ab. Gerade der hohe Fettanteil von Burrata harmoniert gut mit dem mageren Spargel.

Für 4 Personen

Gemüse-Spargel-Salat
1 grüne Zucchini
8 Stangen weißer Spargel
Spargelkochfond (s. S. 64)
2 rote Paprikaschoten
1 Knoblauchknolle
einige Zweige Thymian und Rosmarin
3 EL Olivenöl
Salz
30 g Taggiasca-Oliven, entsteint (s. S. 216)
4 EL Balsamico-Vinaigrette (s. S. 212, Grundrezepte)
Pfeffer
10 Basilikumblättchen, fein gehackt
2 Kugeln Burrata
30 g Pinienkerne, geröstet
8 hauchdünn geschnittene Scheiben Serranoschinken

Die Zucchini waschen, längs vierteln und mit einem Messer die Kerne und das weiche Innere herausschneiden. Die Viertel mithilfe eines Sparschälers in lange Streifen schneiden.
Den Spargel schälen, holzige Enden abschneiden. In etwa 3 Minuten im Spargelfond bissfest kochen. Die Stangen aus dem Wasser nehmen, abkühlen lassen und dann schräg in 1 cm lange Stücke schneiden.
Den Backofen auf 220 °C vorheizen, die Grillfunktion, falls möglich, zuschalten.
Die Paprika vierteln und vom Kerngehäuse befreien. Die Knoblauchzehen ungeschält andrücken und mit Thymian und Rosmarin auf ein Backblech legen. Die Paprikastücke mit der Haut nach oben darüber verteilen, mit dem Olivenöl benetzen und salzen.
Die Paprikastücke im Ofen richtig dunkel werden lassen. Ist die gesamte Haut schwarz, die Paprika in eine Frischhaltedose geben und diese mit dem Deckel verschließen. So lässt sich die Haut später besonders gut abziehen. Nach 10 Minuten aus der Dose nehmen und die Haut abziehen. Die Paprika in längliche Streifen schneiden und mit den Oliven, dem Spargel und der Zucchini mischen.
Den Salat mit der Vinaigrette marinieren und mit Salz und Pfeffer abschmecken. Das Basilikum dazugeben.
Den Gemüse-Spargel-Salat locker auf Tellern anrichten. Den Burrata mit den Fingern in kleine Stücke zerreißen und darauf verteilen. Ebenso die gerösteten Pinienkerne darauf verteilen und mit dem Serranoschinken servieren.

Tipp: Wer Lust hat, kann sich noch ein pochiertes oder gebratenes Ei dazu machen – das rundet das Gericht perfekt ab!

Ziegenkäsesamosas, Artischocken-Oliven-Creme, Dicke Bohnen

Für 4 Personen

Ziegenkäsesamosas
100 g Ziegenfrischkäse
100 g Frischkäse
20 g Pinienkerne, geröstet
20 g Mandelblättchen, geröstet
1 EL gehackte Petersilie
1 TL gehackte Nanaminze (s. S. 42)
1 TL Ahornsirup
1 Prise Salz
1 Prise Pfeffer
1 Prise Osmanisches Gewürz (s. S. 111)
20 Blätter Wan-Tan-Teig
1 Eiweiß
1 l Sonnenblumenöl zum Frittieren

Artischocken-Oliven-Creme
2 Artischocken
2 Schalotten
1 Knoblauchzehe
2 EL Olivenöl
Salz
Pfeffer
1 EL Ducca (s. S. 110)
300 ml Geflügelfond
1 Zweig Thymian oder Rosmarin
2 EL Frischkäse
30 g Taggiasca-Oliven, entsteint (s. S. 216)
Cayennepfeffer
1 Spritzer Zitronensaft

Dicke Bohnen
300 g junge Dicke Bohnen
Salz
3 EL Geflügelfond
1 EL kalte Butterwürfelchen
1 Prise Osmanisches Gewürz (s. S. 111)

Aus den Zutaten für die Samosas – Wan-Tan-Teig, Eiweiß und Öl ausgenommen – eine Masse zubereiten. Jedes Teigblatt in vier gleich breite Streifen schneiden. Den Teig, der gerade nicht verwendet wird, in einen Gefrierbeutel legen, damit er nicht austrocknet. Jeweils zwei Teigstreifen herausnehmen und mit Eiweiß einstreichen. An der unteren Schmalseite der Streifen je einen kleinen Esslöffel von der Masse platzieren. Nun die untere linke Teigecke nehmen und zum rechten Rand hochschlagen, sodass ein Teigdreieck auf dem Streifen liegt. Dieses Dreieck über die gesamte Teiglänge immer wieder nach rechts und links einschlagen. So fortfahren, bis Masse und Teigstreifen aufgebraucht sind.
Die Artischocken putzen wie auf S. 39 beschrieben und in etwa 2 cm große Stücke schneiden. Schalotten und Knoblauch abziehen und fein würfeln. Das Olivenöl in einem Topf erhitzen und die drei Zutaten darin sachte anschwitzen. Mit Salz, Pfeffer und Ducca würzen. Den Fond angießen, die Kräuter zugeben und die Artischocken zugedeckt kochen, bis sie schön weich sind. Den Deckel abnehmen und den Fond komplett verkochen lassen. Das Gemüse vom Herd nehmen und etwas abkühlen lassen. Den Kräuterzweig herausfischen und die Artischocken mit dem Frischkäse und den Oliven – einige zum Servieren beiseitelegen – im Mixer pürieren. Mit Cayennepfeffer und etwas Zitronensaft abschmecken.
Die Dicken Bohnen in lange Spaghetti schneiden. Reichlich Wasser in einem Topf aufkochen, salzen, die Bohnen darin bissfest blanchieren und dann in Eiswasser abschrecken, damit sie ihre grüne Farbe behalten.
Das Sonnenblumenöl auf 180 °C erhitzen und die Samosas portionsweise darin goldgelb frittieren; auf Küchenpapier abtropfen lassen und etwas salzen.
Die Bohnen mit dem Geflügelfond aufkochen. Die kalte Butter einrühren, um die Bohnen zu glasieren. Mit dem Osmanischen Gewürz und Salz abschmecken.
Die Samosas mit den Bohnen, der Creme und Oliven auf Tellern anrichten.

Petersilien-Minz-Taboulé, Zitrusfrüchte, Kreuzkümmeljoghurt

Taboulé esse ich persönlich unheimlich gerne. Es ist ein leichtes Sommergericht, das schnell und einfach zubereitet ist. Noch dazu ist es gesund, weil so viele grüne Kräuter darin stecken. Auf der Karte im Pageou ist Taboulé ein unverzichtbares, erfrischendes Mittagsgericht geworden, das sich auch gut zum Teilen in die Tischmitte stellen lässt.

Für 4 Personen

Petersilien-Minz-Taboulé
1 rote Zwiebel
1 Knoblauchzehe
100 ml Olivenöl
200 g Bulgur (Instant)
Salz
1 EL Ras el-Hanout (s. S. 111)
300 g Geflügelfond
Saft von 1 Zitrone
200 g Petersilie, gehackt
100 g Minze, gehackt
40 g Pinienkerne, geröstet

Kreuzkümmeljoghurt
1 TL gemahlener Kreuzkümmel
Salz
1 EL Olivenöl
100 g griechischer Joghurt
1 Spritzer Zitronensaft
abgeriebene Schale und 1 Spritzer Saft von ¼ Bio-Zitrone
1 Prise Cayennepfeffer

Zitrusfrüchte
2 Orangen
1 Honig-Pomelo

Für das Taboulé Zwiebel und Knoblauch abziehen und fein würfeln. 2 EL Olivenöl in einem Topf erhitzen und beides darin anschwitzen. Den Bulgur dazugeben, mit Salz und Ras el-Hanout würzen und kurz mitschwitzen lassen. Den Geflügelfond angießen und einmal aufkochen lassen. Den Bulgur vom Herd nehmen, zudecken und 20 Minuten quellen lassen; dann mit dem restlichen Olivenöl und dem Zitronensaft marinieren. Wenn der Bulgur abgekühlt ist, Kräuter und Pinienkerne hinzufügen.
Für den Kreuzkümmeljoghurt alle Zutaten vorsichtig vermengen. Nicht zu kräftig rühren, sonst wird der Joghurt flüssig.

Die Orangen samt der weißen Innenhaut schälen und filetieren. Die Pomelo schälen, die Schnitze von den Häuten befreien und in kleine Segmente zerbrechen.
Das Taboulé mit den Früchten anrichten und den Joghurt dazu reichen.

Tipp: Wer Taboulé einmal etwas anders ausprobieren möchte, kann noch Koriander und Dill dazugeben und das Ganze zum Schluss mit ein paar gerösteten Haselnüssen abrunden.

Baba ganoush, Parmesan, grüner Spargel-Spinat-Salat

Bei dieser Zusammenstellung wollte ich Baba ganoush mal nicht klassisch mit Tomaten und Gewürzen servieren, sondern mit grünem Spargel kombinieren. Ich finde, er harmoniert wunderbar mit der Aubergine.

Für 4 Personen

Baba ganoush
4 Auberginen
Salz
80 ml Olivenöl
50 g Tahin (Sesammus)
1 Prise Kreuzkümmel, frisch gemahlen
Saft von ½ Zitrone

Salat
1 Bund grüner Spargel
Salz
100 g Babyspinat
1 Bund Minze, Blättchen abgezupft
1 EL Berberitzen, in 2 EL Apfelsaft eingelegt
Balsamico-Vinaigrette (s. S. 212, Grundrezepte)
Pfeffer
40 g Parmesan zum Garnieren

Die Auberginen der Länge nach halbieren. Das Fruchtfleisch mit einem Messer einritzen, etwas salzen und 20 Minuten ziehen lassen. Den Backofen auf 180 °C vorheizen.
Die Auberginen mit Küchenpapier trocken tupfen. Etwas Olivenöl in einer Pfanne erhitzen und die Auberginen darin auf der Schnittfläche goldgelb anbraten. Die angebratenen Hälften mit der Schnittfläche nach unten auf ein Backblech legen und im Ofen etwa 50 Minuten garen, sie sollen richtig weich werden.
Die Auberginen aus dem Ofen nehmen, das Fruchtfleisch aus den Schalen kratzen und in einen Mixer geben. Das Tahin, das restliche Olivenöl sowie Kreuzkümmel und etwas Zitronensaft zum Würzen hinzufügen und alles fein pürieren. Auf Tellern anrichten.
Während die Auberginen garen, das untere Drittel der Spargelstangen schälen, die holzigen Enden abschneiden. In einem Topf Wasser aufkochen und salzen. Den Spargel darin 2 Minuten kochen, dann in Eiswasser abschrecken und in feine Scheiben schneiden.
Den Spinat mit den Minzeblättchen, den Berberitzen und dem Spargel zu einem Salat vermengen und mit etwas Balsamico-Vinaigrette marinieren. Den Spargelsalat mit Salz und Pfeffer abschmecken, auf dem Baba ganoush verteilen und den Parmesan darüberhobeln.

Mediterraner Gemüse-Börek, Tsatsiki

Börek habe ich schon als Kind mindestens einmal pro Woche gegessen, deswegen muss das Gericht selbstverständlich auch im Pageou immer wieder auf der Karte stehen. Traditionell werden Börek frittiert. Ich mag es lieber etwas weniger fettig und backe sie daher im Ofen.

Für 4 Personen

Gemüse-Börek
1 rote Paprikaschote
1 grüne Zucchini
2 EL Olivenöl, plus mehr für das Blech
1 Zwiebel
1 Knoblauchzehe
300 g Blattspinat
Salz
Pfeffer
200 g Feta
8 Yufkateigdreiecke (15 cm Kantenlänge; s. S. 216)
1 Eigelb, verquirlt

Tsatsiki
1 Salatgurke
Salz
1 Knoblauchzehe
½ Bund Minze
150 g türkischer Joghurt (10 % Fett)
Saft von 1 Zitrone
1 TL Zucker
Pfeffer

Für die Börek die Paprikaschote vom Kerngehäuse befreien. Paprika und Zucchini in 5 mm große Würfel schneiden. Das Olivenöl in einer Pfanne erhitzen und beides darin scharf anbraten.
Zwiebel und Knoblauch abziehen und fein würfeln. Beides zum Gemüse geben und anschwitzen. Den Spinat hinzufügen und zusammenfallen lassen; mit Salz und Pfeffer würzen.
Den Feta fein würfeln und untermischen. Den Backofen auf 190 °C vorheizen.
Die Teigblätter nebeneinander auf die Arbeitsplatte legen. Mittig auf jedes Dreieck 2 EL von der Füllung geben und die Teigränder mit Eigelb bestreichen. Die beiden seitlichen Spitzen eines jeden Dreiecks über die Füllung schlagen, dabei erst die rechte Spitze nehmen und etwa ein Drittel weit umklappen, dann die linke Seite darüberschlagen. Dann die Dreiecke zur Spitze hin aufrollen und mit dem restlichen Eigelb bestreichen.
Ein Backblech einfetten, die Teigtaschen darauflegen und in 10–15 Minuten im vorgeheizten Ofen knusprig backen.
Für das Tsatsiki die Gurke schälen, raspeln und mit 1 TL Salz bestreuen. Den Knoblauch abziehen und fein hacken. Die Minzeblättchen abzupfen – einige zum Servieren beiseitelegen – und ebenfalls fein hacken. Den Joghurt mit Knoblauch, Minze, Zitronensaft und Zucker vermengen. Die Gurkenraspel ausdrücken und dazugeben. Mit Salz und Pfeffer und eventuell noch etwas Zitronensaft abschmecken.
Die Börek mit dem Tsatsiki servieren.

Tipp: Die Füllung kann ganz nach Geschmack variiert werden: Man kann das Gemüse vor dem Einrollen mit Kartoffelstampf vermengen oder mit Garnelen oder Hackfleisch verfeinern.

Falafel, Limettenjoghurt, Aprikosen-Fenchel-Salat

Falafel haben sich auf meiner Speisekarte im Pageou schnell durchgesetzt und sind dort immer wieder zu finden – in den verschiedensten Variationen. Ich kombiniere sie gerne mit einem fruchtigen Gemüsesalat, der dem Gericht eine frische Note gibt.

Für 4 Personen

Falafel
150 g getrocknete Kichererbsen
100 g Schalotten
1 Knoblauchzehe
1 EL Olivenöl
½ TL Ducca (s. S. 110)
½ TL Anapurna-Currypulver (s. S. 110)
250 ml Gemüsefond
½ Bund Minze
½ Bund glatte Petersilie
3 EL braune Butter (s. S. 212, Grundrezepte)
Salz
Pfeffer
4 Eigelb
100 ml Rapsöl

Limettenjoghurt
1 Bio-Limette
250 g türkischer Joghurt (10 % Fett)
2 EL Olivenöl
Salz
Cayennepfeffer

Aprikosen-Fenchel-Salat
1 Fenchelknolle
2 reife Aprikosen
2 EL Zitronensaft
4 EL Olivenöl
Salz
Zucker

Für die Falafel die Kichererbsen 24 Stunden in kaltem Wasser einweichen; abgießen und abtropfen lassen. Schalotten und Knoblauch abziehen und würfeln. Das Olivenöl in einem Topf erhitzen und beides mit den Kichererbsen darin anschwitzen. Ducca und Currypulver dazugeben und kurz mitschwitzen. Den Fond angießen und die Kichererbsen zugedeckt bei niedriger Temperatur in etwa 45 Minuten weich garen.
Die Blättchen von Minze und Petersilie abzupfen und unter die Kichererbsen mengen. Alles mit dem Stabmixer fein zerkleinern, die braune Butter unterziehen. Die Masse mit Salz und Pfeffer abschmecken und leicht abkühlen lassen, dann die Eigelbe unterrühren. Aus der Masse Bällchen von etwa 4 cm Durchmesser formen. Das Rapsöl in einem Topf erhitzen und die Falafel darin bei mittlerer Temperatur etwa 7 Minuten ausbacken. Auf Küchenpapier abtropfen lassen.

Für den Limettenjoghurt die Limette heiß abwaschen. Die Schale abreiben und unter den Joghurt rühren. Den Saft auspressen und zusammen mit dem Olivenöl hinzufügen; mit Salz und Cayennepfeffer abschmecken.
Für den Salat die Fenchelknolle halbieren, das feine Grün abschneiden und für später zum Garnieren beiseitelegen, den Strunk entfernen. Den Fenchel in feine Streifen hobeln. Die Aprikosen in Würfel oder Spalten schneiden und dazugeben. Beides mit dem Zitronensaft und dem Olivenöl vermengen und mit Salz und etwas Zucker abschmecken.
Die Falafel mit Joghurt und Salat auf Tellern anrichten und servieren.

Tipp: Ganz klassisch werden Falafel mit Kichererbsen gemacht – Sie können aber genauso Linsen oder weiße Bohnen probieren. Das gibt diesem inzwischen sehr bekannten und beliebten Gericht eine ganz neue Richtung.

Gefüllte Spitzpaprika, Bulgur, Feta, Tomatenconfit

Gefüllte Paprika sind ein Klassiker aus meiner Kindheit und ein Muss in der orientalischen Küche. Natürlich kann man die Paprika mit Hackfleisch füllen, ich habe hier eine vegetarische Variante ausgesucht. Das Confit serviere ich dazu, damit das Gericht saftig bleibt.

Für 4 Personen

Gefüllte Spitzpaprika
2 Spitzpaprika
200 ml Geflügelfond
1 TL Currypulver
½ TL Ras el-Hanout (s. S. 111)
½ TL Salz
4 EL Olivenöl
70 g Bulgur
80 g Feta
einige Minzeblättchen

Tomatenconfit
2 Schalotten
½ Knoblauchzehe
2 EL Olivenöl
1 EL brauner Zucker
2 EL weißer Balsamicoessig
200 g getrocknete Tomaten, in Wasser eingeweicht
Cayennepfeffer
Salz

Die Spitzpaprika waschen, der Länge nach halbieren und vom Kerngehäuse und den weißen Innenwänden befreien. Den Backofen auf 200 °C vorheizen.
Den Fond mit den Gewürzen und 2 EL Olivenöl in einen Topf geben und aufkochen lassen. Den Bulgur hinzufügen und zugedeckt 10 Minuten ziehen lassen; anschließend mit einer Gabel auflockern. Die Spitzpaprika damit füllen, den Feta mit den Fingern zerbröseln und darüber verteilen. Dann die Paprika in eine feuerfeste Form geben und 12 Minuten im Ofen backen.
Währenddessen Schalotten und Knoblauch abziehen und fein würfeln. Das Olivenöl in einem Topf erhitzen und beides darin anschwitzen. Den Zucker zugeben, leicht karamellisieren lassen und mit dem Essig ablöschen. Den Essig verkochen lassen.
Die Tomaten in ein Sieb abgießen, fein hacken und dazugeben. Das Confit mit Cayennepfeffer und Salz abschmecken und zugedeckt 4 Minuten sachte köcheln lassen.
Die Paprika aus dem Ofen nehmen, mit dem verbliebenen Olivenöl (2 EL) beträufeln, mit Minze bestreuen und anrichten.
Das Confit zu den Paprika servieren.

Tipp: Wenn Sie mal wenig Zeit haben oder eine andere Variante ausprobieren wollen, können Sie das Confit auch durch cremigen türkischen Joghurt ersetzen.

Feta-Spinat-Börek, Petersilie-Dill-Minze-Salat, Wassermelone

Mit diesem Gericht möchte ich zeigen, dass Früchte auch ganz wunderbar in Salate eingearbeitet werden können. Der frische Geschmack von Wassermelone passt dabei eigentlich immer. Die Kräuter im Salat unterstreichen ihre erfrischende Wirkung.

Für 4 Personen

Feta-Spinat-Börek
1 Knoblauchzehe
1 Zwiebel
2 EL Olivenöl, plus mehr für das Blech
750 g Blattspinat
Salz
Pfeffer
200 g Feta
8 Yufkateigdreiecke (etwa 15 cm Kantenlänge; s. S. 216)
1 Eigelb, verquirlt

200 g Wassermelone (nur das Fruchtfleisch)

Petersilie-Dill-Minze-Salat
½ Bund Dill
½ Bund Petersilie
½ Bund Minze
2 EL Balsamico-Vinaigrette (s. S. 212, Grundrezepte)

Für die Börek Knoblauch und Zwiebel abziehen und fein würfeln. Das Olivenöl in einem Topf erhitzen und beides darin anschwitzen. Den Spinat hinzufügen und zusammenfallen lassen; mit Salz und Pfeffer würzen. Den Feta fein würfeln und untermengen. Den Backofen auf 190 °C vorheizen.
Die Teigblätter auf die Arbeitsplatte legen und mit etwas Abstand vom unteren Rand mittig auf jedes 2 EL Füllung geben. Die Teigränder mit Eigelb bestreichen, dann die linke und rechte Teigecke über die Füllung schlagen. Die Börek von der Längsseite zur Spitze hin aufrollen und mit dem restlichen Eigelb bestreichen. Ein Backblech fetten, die Börek darauflegen und in 10–15 Minuten im Ofen knusprig goldgelb backen.
Die Wassermelone in mundgerechte Würfel schneiden, vorhandene Kerne entfernen.
Die Kräuter waschen und trocken schleudern. Die Dillspitzen und Kräuterblättchen abzupfen. Die Kräuter mit der Vinaigrette marinieren und zu den Börek servieren. Mit den Melonenwürfeln garnieren.

Tipp: Ich grille die Wassermelone für dieses Rezept auch sehr gerne. Dadurch bringt die Melone eine leicht rauchige Note mit, die besonders gut zum Feta passt.

Linsensalat, Brokkoli, Tomaten-Kapern-Aioli, Pecorino

Linsen sind zum einen superlecker, zum anderen außerdem sehr gesund. Sie haben viele Ballaststoffe und sind eine gute Energiequelle. Besonders für Vegetarier sind sie eine gute Proteinquelle, die zudem lange satt hält. Um Abwechslung auf dem Speiseplan zu haben, kann man die Hülsenfrüchte ruhig auch mal als Salat zubereiten.

Für 4 Personen

Linsensalat
200 g Belugalinsen
1 Zwiebel
1 EL Olivenöl
400 ml Geflügelfond
4 EL Balsamicoessig
4 EL mildes Olivenöl
Salz
Pfeffer
Cayennepfeffer
1 Bund Schnittlauch

Tomaten-Kapern-Aioli
50 g getrocknete Tomaten in Öl
30 g Kapern
100 g Mayonnaise
1 Knoblauchzehe
abgeriebene Schale und 1 Spritzer Saft von ½ Bio-Zitrone

Brokkoli
1 Brokkoli
Salz
2 EL kalte Butter
1 Prise Zucker
Muskatnuss, frisch gerieben
50 g Pecorino, fein gehobelt

Die Linsen zwei Stunden in kaltem Wasser einweichen, dann in ein Sieb abgießen und abtropfen lassen. Die Zwiebel abziehen und fein würfeln. Das Olivenöl in einem Topf erhitzen und die Zwiebel darin anschwitzen. Die Linsen und den Geflügelfond dazugeben und in etwa 20 Minuten weich kochen.
Die Linsen in eine Schüssel geben und noch warm mit dem Essig und dem milden Olivenöl marinieren. Mit Salz, Pfeffer und Cayennepfeffer abschmecken; abkühlen lassen. Den Schnittlauch fein hacken und untermengen.
Für das Aioli Tomaten und Kapern fein hacken und zu der Mayonnaise geben. Den Knoblauch abziehen, fein reiben und hinzufügen. Mit der Zitronenschale und einem Spritzer Zitronensaft abschmecken.
Den Brokkoli in gleichmäßige Röschen zerteilen. In einem Topf Wasser aufkochen lassen, salzen und den Brokkoli darin bissfest kochen. Das Gemüse in ein Sieb abgießen und in den Topf zurückgeben. Mit der kalten Butter glasieren und mit Salz, Zucker und einer Prise Muskatnuss würzen.
Den Brokkoli auf dem Linsensalat anrichten, das Aioli dazu reichen und alles mit Pecorinospänen garnieren.

Tipp: Wer Lust hat, röstet noch ein paar Pinienkerne oder gehackte Haselnüsse dazu – das rundet das Gericht geschmacklich sehr gut ab und gibt noch einen schönen Crunch dazu.

Ziegenkäse-Börek, geschmorte Rote Bete, Nanaminze, Duccajoghurt

Der fruchtig-erdige Geschmack der Roten Bete passt sehr gut zum intensiven Aroma des Ziegenkäses. Rote Bete und Duccajoghurt sorgen bei diesem Gericht dafür, dass die gebackenen Börek saftig bleiben. Eine tolle Idee ist es auch, wenn man die Rote Bete mit etwas Granatapfelsirup mariniert. Das gibt dem Gemüse eine schöne, leicht süß-saure Note.

Für 4 Personen

Ziegenkäse-Börek
100 g Ziegenweichkäse ohne Rinde
100 g Frischkäse
20 g Pinienkerne, geröstet
1 EL gehackte Petersilie
2 getrocknete Feigen, gewürfelt
1 TL Ahornsirup
Salz
Pfeffer
Cayennepfeffer
8 Yufkateigdreiecke (etwa 12 cm Kantenlänge; s. S. 216)
1 Eigelb, verquirlt
etwas Olivenöl für das Blech

Duccajoghurt
150 g türkischer Joghurt
2 EL Olivenöl
1 EL Ducca (s. S. 110)
1 Msp. Baharat (s. S. 110)
Salz
abgeriebene Schale und Saft von ½ Bio-Zitrone
1 EL Nanaminze (s. S. 42), in feine Streifen geschnitten

Rote Bete
500 g Rote Bete
50 g kalte Butter
Salz
Zucker
1 EL Himbeeressig
500 ml Geflügelfond
½ TL Speisestärke

Den Backofen auf 190 °C vorheizen. Käse, Pinienkerne, Petersilie, Feigen und Ahornsirup in eine Schüssel geben, würzen und vermengen. Die Yufkateigblätter nebeneinander auf die Arbeitsplatte legen. Die Ränder der Dreiecke mit Eigelb bestreichen. 1–2 EL der Füllung mittig in einem dicken Streifen nahe an der langen Seite auf jedes Teigdreieck geben. Zuerst die linke Ecke eines jeden Teigblatts nehmen und zwei Drittel weit einschlagen, dann die rechte Ecke fassen und darüberschlagen. Die Dreiecke nun zur Spitze hin aufrollen.
Die Börek mit dem restlichen Eigelb bestreichen. Ein Backblech fetten, die Börek darauflegen und im Ofen in etwa 12 Minuten goldgelb backen.

Alle Zutaten für den Duccajoghurt gut miteinander vermengen und abschmecken.
Die Rote Bete schälen und in 5 mm große Würfel schneiden. 30 g Butter in einem Topf erhitzen und die Rote Bete darin anschwitzen. Mit Salz und Zucker würzen und dann mit dem Himbeeressig ablöschen. Den Fond dazugießen und das Gemüse darin weich kochen. Am Ende der Garzeit sollten noch etwa 100 ml Flüssigkeit im Topf verblieben sein.
Die Stärke mit etwas Wasser anrühren und die Rote Bete leicht damit abbinden. Zum Schluss die restliche Butter (20 g) einrühren.
Die Börek mit der Roten Bete anrichten, den Joghurt dazu reichen.

Gorgonzola dolce, Endiviensalat, Feige, karamellisierte Nüsse

Zu diesem Rezept bin ich in Italien inspiriert worden. Dort habe ich in einer Taverna ein ganz einfaches Gericht gegessen und war so begeistert, dass ich etwas Ähnliches auch auf der Karte des Pageou *haben wollte.*

Für 4 Personen

Nüsse
50 g Walnusskerne
1 EL Puderzucker

Endiviensalat
1 Endiviensalat
100 ml Balsamico-Vinaigrette (s. S. 212, Grundrezepte)

Feige
4 Feigen
200 ml Crème de Cassis (schwarzer Johannisbeerlikör)
30 g kalte Butter

400 g Gorgonzola dolce

Den Backofen auf 180 °C vorheizen und die Walnüsse darin 8 Minuten rösten. Anschließend die Nüsse in eine Pfanne geben und weiter rösten, dabei den Puderzucker darüberstreuen. Der Puderzucker sollte langsam schmelzen und die Walnüsse überziehen. Die Nusskerne aus der Pfanne nehmen und abkühlen lassen.
Die Endivienblätter gut waschen und für 5 Minuten in warmes Wasser legen, damit sie etwas von ihren Bitterstoffen abgeben. Abgießen und gut trocken schleudern.
Inzwischen die Feigen waschen und in Scheiben schneiden. Die Crème de Cassis in einem Topf aufkochen, auf die Hälfte reduzieren und dann mit der kalten Butter abbinden. Die Feigen damit benetzen.
Den Endiviensalat in Stücke zupfen, mit der Balsamico-Vinaigrette anmachen und zusammen mit den Nüssen, den Feigen und dem Gorgonzola anrichten.

Tipp: Statt Endivie passt hier auch Trevisano oder Radicchio sehr gut. Ich mariniere den Radicchio dazu mit etwas Balsamicoessig und Olivenöl.

Pastinakenschaumsuppe, Quitte, Haselnuss

Pastinake verarbeite ich sehr gerne, denn es ist ein vitaminreiches Gemüse. Für sich alleine ist ihr Geschmack aber eher langweilig, deswegen kombiniere ich sie hier mit dem fruchtigen Aroma der Quitte. Dazu geben die Nüsse eine tolle, geschmacksintensive Einlage.

Für 4 Personen

Pastinakenschaumsuppe
400 g Pastinaken
1 Zwiebel
50 g Butter
200 ml Weißwein
800 ml Geflügelfond
200 g Schlagsahne

Haselnuss
2 EL Haselnusskerne

Quitte
1 Quitte
100 ml Apfelsaft

einige Petersilienblättchen zum Garnieren

Die Pastinaken vom Blattansatz befreien, schälen und in 2 cm große Würfel schneiden. Die Zwiebel abziehen und ebenfalls etwa 2 cm groß würfeln.
Die Butter in einem Topf zerlassen. Zwiebel und Pastinaken in der Butter langsam anschwitzen, nach etwa 3 Minuten mit dem Weißwein ablöschen. Den Wein vollständig verkochen lassen. Den Fond dazugießen und die Pastinaken in etwa 30 Minuten langsam weich köcheln. Sobald sie richtig weich sind, die Sahne dazugeben und einmal aufkochen lassen. Alles mit einem Stabmixer fein pürieren und anschließend durch ein Sieb streichen.
Den Backofen auf 180 °C vorheizen und die Haselnüsse darin etwa 10 Minuten rösten, bis sie anfangen zu duften. Die Nüsse auf ein sauberes Küchenhandtuch geben und die Haut abreiben. Die Nüsse in dünne Scheibchen schneiden.
Die Quitte schälen, vom Kerngehäuse befreien und in etwa 5 mm große Würfelchen schneiden. Die Quittenwürfel mit dem Apfelsaft in einem Topf aufkochen und darin köcheln lassen, bis sie etwas weicher sind, aber noch Biss haben.
Die Quittenwürfel in ein Sieb abgießen und den Großteil zusammen mit den Haselnüssen in Suppentassen geben. Die Pastinakensuppe nochmals abschmecken, mit dem Stabmixer aufschäumen und in die Tassen füllen.
Mit der restlichen Einlage toppen und mit Petersilie garnieren.

Tipp: Statt Pastinake eignet sich Petersilienwurzel auch sehr gut – der Geschmack der beiden Gemüse ist sehr ähnlich. Anstelle der Quittenwürfel sind auch Birnen eine tolle Beigabe.

Maronencremesuppe, Portwein-Radicchio

Schon als Kind habe ich Maronen geliebt. In meinem Heimatdorf Pageou wurden an vielen kleinen Ständchen Maronen gegrillt. Diese Kindheitserinnerung wollte ich auch auf der Karte des Pageou wiederfinden. Die Suppe ist schnell gekocht! Im Pageou gebe ich – wenn Saison ist – auch gerne ein bisschen weißen Trüffel dazu.

Für 4 Personen

Maronensuppe
100 g Knollensellerie
1 Zwiebel
1 Apfel (Braeburn)
50 g Butter
250 g vorgegarte geschälte Maronen
1 EL Kirschwasser
200 ml Weißwein
750 ml Geflügelfond
200 g Schlagsahne
Salz
Cayennepfeffer

Portwein-Radicchio
1 Radicchio
1 EL brauner Zucker
200 ml roter Portwein
30 g kalte Butter

Den Sellerie schälen, die Zwiebel abziehen und beides in 2 cm große Würfel schneiden. Den Apfel schälen, vom Kerngehäuse befreien und ebenfalls würfeln.
Die Butter in einem Topf zerlassen und die Maronen – vier Maronen zum Servieren beiseitelegen – mit dem Gemüse und dem Apfel 3 Minuten in der Butter anschwitzen.
Alles mit dem Kirschwasser und dem Weißwein ablöschen. Den Alkohol verkochen lassen und anschließend den Geflügelfond angießen.
Das Gemüse langsam weich kochen, dann die Sahne dazugießen. Die Suppe erneut aufkochen lassen, dann mit einem Stabmixer fein pürieren und durch ein Sieb streichen.
Während die Suppe kocht, den Radicchio vom Strunk befreien und die großen weißen Blattrippen entfernen. Die Blätter in 2 cm große Stücke zupfen, für 15 Minuten in warmes Wasser legen, abgießen und gut trocken schleudern.
Den Zucker in einem Topf karamellisieren lassen. Mit dem Portwein ablöschen und sofort den Radicchio dazugeben. Den Radicchio etwas zusammenfallen lassen und dann vom Herd nehmen. Die kalte Butter klein würfeln, dazugeben und so lange rühren, bis sie sich aufgelöst und die Flüssigkeit leicht abgebunden hat.
Die Suppe mit Salz und Cayennepfeffer abschmecken und mit dem Radicchio sowie den beiseitegestellten Maronen servieren.

Gebratener Sesamtofu, Belugalinsen, Granatapfel, Fenchel

Tofu ist ein toller Fleischersatz, der sich in der europäischen Küche schon lange durchgesetzt hat. Mit diesem Gericht möchte ich zeigen, dass man ihn nicht nur asiatisch zubereiten, sondern auch in einem mediterranen Rezept super einsetzen kann.

Für 4 Personen

Belugalinsen
1 Schalotte
30 g Butter
70 g Belugalinsen
½ TL Anapurna-Currypulver (s. S. 110)
½ TL Ras el-Hanout (s. S. 111)
2 EL Balsamicoessig
300 ml Gemüsefond
1 TL Speisestärke
30 g kalte Butter
1 Bund Petersilie
Salz

Granatapfel und Fenchel
1 Fenchelknolle
1 Granatapfel
2 EL Granatapfelessig
2 EL Olivenöl
Salz
Zucker
einige Minzeblättchen zum Garnieren

Sesamtofu
400 g Tofu (Abtropfgewicht)
1 EL weißer Sesam
2 EL Olivenöl

Die Schalotte abziehen und würfeln. Die Butter in einem Topf zerlassen und die Schalotte darin sachte anschwitzen. Linsen, Currypulver und Ras el-Hanout dazugeben und mitschwitzen lassen. Mit dem Essig ablöschen und diesen vollkommen verkochen lassen. Den Fond angießen und die Linsen sachte köcheln lassen, bis sie weich sind. Gegebenenfalls weiteren Fond zugeben. Wenn die Linsen weich sind, die Speisestärke mit 2 EL kaltem Wasser anrühren und unter ständigem Rühren dazugeben.
Die kalte Butter in kleine Würfel schneiden und ebenfalls hinzufügen. Die Linsen dürfen jetzt nicht mehr kochen. Die Petersilie fein hacken und untermengen; mit Salz abschmecken. Wichtig ist, dass die Linsen erst nach dem Garen gesalzen werden, da sich sonst die Kochzeit erheblich verlängert.
Vom Fenchel das Grün abschneiden und beiseitelegen. Die Knolle halbieren, vom Strunk befreien und in feine Streifen hobeln. Den Granatapfel halbieren, über eine große Schüssel halten und mit einem Messer kräftig gegen die Schale klopfen, die Schnittfläche zeigt nach unten. So fallen die Kerne leichter heraus. Es empfiehlt sich, dies über einer großen Schüssel zu tun, da es etwas spritzt.
Den Fenchel zu den Kernen in die Schüssel geben und mit dem Granatapfelessig und dem Olivenöl marinieren. Mit Salz und etwas Zucker abschmecken und auf den Linsen anrichten, mit dem Fenchelgrün und etwas Minze garnieren.
Den Tofu gut abtropfen lassen und mit dem Sesam bestreuen. In einer Pfanne das Olivenöl erhitzen und den Tofu darin von beiden Seiten scharf anbraten.
Den Tofu auf den Linsen anrichten und das Gericht servieren.

Rote-Bete-Carpaccio, gebackene Schwarzwurzeln, geräucherter Joghurt

Für 4 Personen

Rote-Bete-Carpaccio
10 ml Sherryessig
10 ml Himbeeressig
50 ml Läuterzucker (Zuckersirup aus gleichen Teilen Wasser und Zucker)
Kreuzkümmel, gemahlen
Salz
Pfeffer
Olivenöl
3 mittelgroße Rote Beten, gegart

Schwarzwurzeln
4 Schwarzwurzeln
Salz
Pfeffer
300 g Panko (jap. Paniermehl)
50 g Mehl
2 Eier
500 ml Sonnenblumenöl zum Frittieren

Joghurt
1 EL Räuchermehl (s. S. 215)
100 g griechischer Joghurt
80 g Crème fraîche
Salz
Pfeffer
Cayennepfeffer
1 EL Zitronensaft

einige Blättchen Sauerampfer zum Garnieren

Für das Carpaccio die Essige mit dem Läuterzucker verrühren und mit Kreuzkümmel, Salz, Pfeffer sowie etwas Olivenöl abschmecken. Die Rote Bete in 3 mm dicke Scheiben schneiden und vorsichtig neben- und übereinander in ein flaches Gefäß legen; mit der Marinade übergießen und etwa 1 Stunde ziehen lassen. Die Rote Bete auf Tellern kreisförmig zu einem Carpaccio legen.
Die Schwarzwurzeln schälen. Dabei am besten mit Einweg-Handschuhen arbeiten, da sie eine klebrige Flüssigkeit absondern, die die Hände verfärbt. In einem Topf Wasser aufkochen, salzen und die Schwarzwurzeln darin in etwa 3 Minuten bissfest blanchieren; herausnehmen und abkühlen lassen.
Die Wurzeln in 5 cm lange Stücke schneiden, salzen und pfeffern. Das Panko und das Mehl auf jeweils einen Teller geben, die Eier in einem tiefen Teller verquirlen. Die Schwarzwurzeln im Mehl wenden, durch das Ei ziehen und anschließend mit dem Panko panieren.
Das Räuchermehl in einen Topf geben. Ein Schnellkochtopf mit Einsatz und Gestell ist perfekt, da der Korb nicht auf dem Topfboden aufliegt. Eine kleine Schale mit dem Joghurt füllen, diese in den Dämpfkorb setzen und darin auf das Gestell stellen. Den Topf auf dem Herd bei hoher Temperatur erhitzen. Sobald das Mehl beginnt zu rauchen, den Deckel mit Dichtungsring aufsetzen, den Topf verschließen und noch 1 Minute erhitzen. Den Herd ausschalten und den Topf für 30 Minuten beiseitestellen, möglichst an die frische Luft.
Den Topf öffnen. Den geräucherten Joghurt mit der Crème fraîche verrühren und mit Salz, Pfeffer, einer Prise Cayennepfeffer und Zitronensaft abschmecken.
Das Sonnenblumenöl auf 180 °C erhitzen. Die Schwarzwurzeln darin goldgelb frittieren, auf Küchenpapier abtropfen lassen und auf dem Carpaccio verteilen. Den Räucherjoghurt in kleinen Klecksen daraufgeben und das Gericht, mit Sauerampfer garniert, servieren.

Gegrilltes Gemüse, Champignons, Parmesan, Kartoffelschaum

Für 4 Personen

Kartoffelschaum
300 g mehligkochende Kartoffeln
150 ml Milch
150 g Schlagsahne
30 g braune Butter (s. S. 212, Grundrezepte)
Salz
Muskatnuss, frisch gerieben
weißer Pfeffer

Gemüse
½ Aubergine
½ Zucchini
Salz
4 Knoblauchzehen
11 Zweige Thymian, plus einige Blättchen für die Garnitur
5 Zweige Rosmarin
100 ml Olivenöl
1 TL Osmanisches Gewürz (s. S. 111)
12 Champignons
Pfeffer
2 Romatomaten
Zucker
1 Artischocke
1 Spritzer Zitronensaft

100 g Parmesan
einige Scheiben geröstetes Baguette zum Servieren

Die Kartoffeln schälen, waschen, in Wasser weich garen, abgießen und durch eine Kartoffelpresse drücken.
Während die Kartoffeln kochen, Aubergine und Zucchini in 5 mm dicke Scheiben schneiden und leicht salzen. Das Salz einwirken lassen, dann die Scheiben mit Küchenpapier trocken tupfen.
Den Knoblauch abziehen. Zehn Thymianzweige, den Rosmarin und drei Knoblauchzehen fein hacken und mit etwas Olivenöl zu einem Kräuteröl mischen.
Etwas Olivenöl in einer Grillpfanne erhitzen und das Gemüse darin goldgelb braten, mit Kräuteröl einstreichen, noch etwas braten und dann auf Küchenpapier abtropfen lassen.
Das Gemüse mit dem Osmanischen Gewürz würzen. Den Backofen auf 130 °C vorheizen.
Die Champignons vierteln und in Olivenöl scharf anbraten. Mit Kräuteröl benetzen, salzen und pfeffern. Die Tomaten oben einritzen, 1 Minute in Salzwasser blanchieren, dann aus dem Wasser nehmen und die Haut abziehen. Die Tomaten vierteln und das weiche Innere mitsamt Samen entfernen. Die Tomatenfilets mit Salz, Zucker und Pfeffer bestreuen, mit Olivenöl beträufeln und etwa 20 Minuten im Ofen garen.
Von der Artischocke den Stiel und die harten äußeren Blätter abschneiden. Die inneren oberen Blätter um ein Drittel kürzen, Boden und Blätter schälen und das Heu entfernen. Die Artischocke vierteln und in Wasser mit etwas Zitronensaft legen, damit sie nicht braun wird. Olivenöl in der Pfanne erhitzen. Die Artischocke trocken tupfen und bei niedriger Temperatur im Öl weich schmoren. Die verbliebene Knoblauchzehe und den Thymianzweig dazugeben, abschmecken.
Die Milch mit der Sahne und der braunen Butter aufkochen, mit Salz, Muskatnuss und Pfeffer würzen und mit einem Löffel unter die Kartoffeln rühren. Der Kartoffelschaum lässt sich im Ofen bei 60 °C etwa 1 Stunde warmhalten. Das Püree durch ein Sieb streichen, in einen Sahnesyphon geben und diesen mit zwei N_2O-Kapseln bestücken.
Das Gemüse locker auf den Tellern verteilen. Den Parmesan mit einem Sparschäler fein darüberhobeln. Den Kartoffelschaum dazwischen aufspritzen. Mit Thymian garnieren und mit frisch geröstetem Baguette servieren.

Tomatisierte Artischockensuppe, gegrillte Calamari

Bei diesem Rezept verwende ich gerne auch die Blätter der jungen Artischocken. Dazu koche ich sie einfach mit aus und kann aus den Artischockenböden – wenn ich möchte – etwas anderes zubereiten. Eine tolle Möglichkeit, das ganze Gemüse zu verwerten.

Für 4 Personen

Artischockensuppe
2 Artischocken
15 ml Olivenöl
5 Schalotten
3 Knoblauchzehen
Salz
1 EL Zucker
50 g Tomatenmark
1,5 l Geflügelfond
1 Bund Thymian
2 Zweige Rosmarin
2 Lorbeerblätter
100 g kalte Butter, gewürfelt
Pfeffer
Cayennepfeffer

Calamari
200 g Calamarituben und -köpfe (küchenfertig)
15 ml Olivenöl
abgeriebene Schale und Saft von ½ Bio-Zitrone

Die Artischocken putzen wie auf Seite 39 beschrieben. Das Olivenöl in einer Pfanne erwärmen und die Artischocken darin langsam anschwitzen. Schalotten und Knoblauch abziehen, in 5 mm dicke Scheiben schneiden und dazugeben; mit Salz und Zucker würzen. Das Tomatenmark hinzufügen und ebenfalls anschwitzen, aufpassen, dass es nicht anbrennt. Den Fond angießen, die Kräuter hinzufügen – etwas Thymian zum Servieren beiseitelegen – und alles 1 Stunde leise köcheln lassen.
Den Artischockenfond durch ein Sieb streichen, es sollten 600–800 ml Fond verbleiben. Den Fond nochmals aufkochen und die kalte Butter untermixen. Die Suppe mit Salz, Pfeffer und Cayennepfeffer abschmecken.

Während die Suppe kocht, die Calamari gut waschen und die Tuben längs aufschneiden. Tuben und Köpfe in Wasser abspülen, in 5 mm dicke Streifen schneiden und trocken tupfen. Das Olivenöl in einer Pfanne erhitzen und die Calamari darin scharf anbraten.
Die Calamari aus der Pfanne nehmen, mit etwas Zitronensaft und -schale marinieren und auf Spießchen stecken. Die Suppe in die Suppentassen geben, die Spießchen hineinlegen und mit Thymian garnieren.

Tipp: Statt mit Calamari serviere ich die Artischockensuppe auch gerne mit Oktopus oder verfeinere sie zum Schluss mit etwas Parmesan, wenn es eine vegetarische Variante sein soll.

KRÄUTER

Bärlauch verwende ich wirklich nur, wenn er Saison hat. Mein erstes Kennenlernen mit diesem Kraut war in München während meiner Lehrzeit. Ganz toll fand ich die Suppe oder die Spätzle, die wir mit Bärlauch gemacht haben. Das Aroma hat es mir sehr angetan, weil Bärlauch ganz leicht nach Knoblauch schmeckt. Ich verwende ihn in Salaten, zu Spargelgerichten oder einfach als Pesto zu Nudeln.

Dill hat ein wirklich tolles Aroma und wird in der türkischen Küche sehr, sehr häufig und vielfältig verwendet, ob das in Mezze, in Lammgerichten oder als Dip ist. Klein gehackte Dillspitzen mit ein bisschen Minze unter Joghurt gemischt sind eine sehr leckere Beilage. Meine Schwester macht gerne Börek mit Dillstängeln, die sie klein hackt. Dann gibt sie Frühlingszwiebeln dazu, hebt Tomaten unter und schlägt die Füllung in Yufkateig ein.

Nanaminze gehört in meiner Esskultur zu den »Grundzutaten«. Durch ihr intensives Minzaroma passt sie sehr gut zu Produkten mit starkem Eigengeschmack wie zum Beispiel Lamm, Oktopus oder Zicklein. Ich setze sie sehr vielfältig ein: in Dips, Saucen, Dressings, als Tee, als Erfrischung im Sommer (einfach mit ein paar Scheiben Gurke und Zitrone in eine Karaffe Wasser geben). Auch klein gehackt im Joghurt – mit ein paar Granatapfelkernen bestreut – schmeckt sie toll.

Petersilie gehörte bei mir zu Hause in fast jedes Gericht, ob das nun Börek oder gemischter Salat war. Meine Mama macht nach wie vor jeden Sonntag *lahmacun*, die sie mit marinierter Petersilie bestreut. Das sellerieartig und erfrischend schmeckende Kraut ist also weder zu Hause noch hier in der Küche wegzudenken. Wir machen im *Pageou* gerne Taboulé oder ein einfaches Püree damit – als Beilage zu Fleisch- und Fischgerichten.

Rosmarin verwende ich auch sehr häufig. Sein würziges, leicht harziges Aroma unterstützt vor allem den Geschmack von Fleischgerichten wie Lamm oder kurzgebratenem Rind. In Kombination mit Wacholderbeeren passt er auch sehr gut zu Wild.

Basilikum – ohne Basilikum geht gar nichts. Aber hier mache ich keine Kompromisse: Bei mir wird Basilikum nur von Mai bis Oktober eingesetzt. Für mich ist es ein wahres Sommerkraut, das besonders gut zu Tomaten schmeckt. Aber auch Auberginen, Zucchini oder Paprika lassen sich mit dem Kraut, das pfeffrig-würzig und gleichzeitig leicht süßlich schmeckt, wunderbar aromatisieren.

Thymian hat einen sehr starken Eigengeschmack, daher verwende ich ihn gerne zu Lamm. Für Fisch ist er oft zu dominant. Ich aromatisiere auch gerne Fruchtconfits mit Thymianblättchen – zu Aprikose passt er zum Beispiel super. Oder ich setze ein Thymianöl an und konfiere Tomaten darin!

Salbei ist ein ganz wichtiges Kraut für mich, denn immer wenn ich erkältet bin, trinke ich Salbeitee. Außerdem mag ich den würzig-herben Geschmack. Salbei lässt sich vielseitig einsetzen. Kartoffel-Oliven-Ravioli mit geschmorten Tomaten und ein bisschen Salbeibutter schmecken wirklich sehr, sehr gut. Ein ganz klassisches Gericht ist Kalbs- oder Lammleber mit grünem Spargel, Salbei und etwas Butter. Dazu noch geröstete Haselnüsse und Sultaninen – super für unsere Mittagskarte.

Sauerampfer habe ich als Kind in meiner Heimat Pageou kennengelernt: Wenn wir Kinder draußen unterwegs waren, haben wir gerne die Kräuter probiert, die wir entdeckt haben. Sauerampfer fand ich wegen seiner sauren Note toll. Ich verwende ihn gerne mit Joghurt vermischt als eine Art Suppe und als erfrischende Beigabe zu Avocadocreme oder Erbsensalat. Sehr gut schmeckt Sauerampfer auch zu Fischgerichten wie Saibling.

Rucola ist mein persönlicher Lieblingssalat. Wenn ich in einem Restaurant auf der Speisekarte gar nichts finde, nehme ich Rucolasalat mit Parmesan – das ist immer lecker. Im *Pageou* verwenden wir Rucola meistens im Sommer. Er gibt Gerichten eine gewisse Leichtigkeit und schmeckt leicht nussig. Ich mariniere Rucola gerne mit Granatapfelessig und serviere ihn zu gebackenem Fisch wie Makrele, Kabeljau oder Sardine.

Schnittlauch bauen wir im *Pageou* meistens in kalte Dressings oder Salate ein. Ich koche gerne eine Senfsauce, die ich mit Kurkuma und ganz leicht mit Curry aromatisiere – dazu gebe ich klein gehackten Schnittlauch, der eine frische Note reinbringt. Das Kraut hat einen leichten, erfrischenden Zwiebelgeschmack, aber es übertönt das restliche Gericht nicht. Ich mache mir zu Hause auch gerne einfach ein Schnittlauchbrot: ein gutes Brot, ein bisschen Butter drauf, Schnittlauch hacken und drüberstreuen – herrlich.

Koriandergrün – ich persönlich liebe Koriander und verwende ihn sehr oft bei mir in der Küche, denn er passt gut zu meinen Gerichten. Aber es gibt auch richtige Korianderhasser – da kann es schon mal passieren, dass ein Gast das Gericht ohne Koriandergrün bestellt. Das Kraut, das ein wenig nach Petersilie aussieht, hat einen leicht süßlichen Geschmack. Die »Hasser« bezeichnen ihn gerne als seifig.

Bärlauchcremesuppe, Pancetta

Bärlauch ist in meiner Heimat unbekannt, auch ich habe ihn erst in Deutschland kennen- und schätzen gelernt. Und ich finde, er ist ein super Knoblauchersatz, wenn ein Gericht nur einen Hauch von diesem Aroma bekommen soll.

Für 4 Personen

Bärlauchcremesuppe
2 Zwiebeln
200 g Knollensellerie
50 g Butter
Salz
150 ml Weißwein
1 l Geflügelfond
300 g Schlagsahne
Pfeffer
Muskatnuss, frisch gerieben
80 g Bärlauch, grob gehackt
Saft von ½ Zitrone, nach Belieben
30 g kalte Butter
8 dünn geschnittene Scheiben Pancetta (ital. Speck)

Die Zwiebeln abziehen, den Sellerie schälen und beides grob in 3 cm große Stücke schneiden. Die Butter in einem Topf erhitzen, Zwiebel und Sellerie hineingeben, leicht salzen und in etwa 5 Minuten glasig anschwitzen, nicht bräunen.
Den Weißwein angießen und komplett verkochen lassen. Den Fond hinzufügen und diesen in etwa 30 Minuten auf die Hälfte einkochen lassen. Die Sahne dazugeben und einmal aufkochen lassen. Die Suppe mit Salz, Pfeffer und Muskatnuss abschmecken. Den Bärlauch zugeben. Die Suppe zügig pürieren und durch ein Sieb streichen, da sie sonst grau werden könnte. Die Suppe nach Belieben mit einem Schuss Zitronensaft abrunden, die Butter einmontieren und die Suppe nach Belieben kurz mit dem Stabmixer aufschäumen.

Während die Suppe kocht, für die Pancetta-Chips den Backofen auf 180 °C vorheizen. Ein Backblech mit Backpapier auslegen, den Pancetta darauf verteilen, mit Backpapier abdecken und mit einem zweiten Blech beschweren, damit sich die Scheiben nicht wellen. Den Speck in etwa 12 Minuten knusprig backen, falls nötig die Backzeit verlängern.
Die Suppe in Schalen geben und mit den Chips servieren.

Tipp: Außerhalb der Bärlauchsaison und für alle, die das Aroma von Knoblauch nicht so gerne mögen, ist Lauch eine tolle Alternative für diese Suppe.

Roastbeef rosa gebraten, Bratkartoffelsalat, Kapern, Meerrettichcreme

Hier kommen Kapern mal ganz außergewöhnlich zum Einsatz. Ich habe aus klassischen Bratkartoffeln durch Zugabe eines Dressings einen Salat gemacht und verfeinere diesen mit dem scharfen, herb-würzigen Aroma der Kapern.

Für 4 Personen

Roastbeef
400 g Roastbeef
Salz
2 EL Sonnenblumenöl

Bratkartoffelsalat
400 g festkochende Kartoffeln, gekocht und gepellt
2 EL Sonnenblumenöl
1 Zwiebel
30 g Butter
1 EL weißer Essig
1 EL Kapern
2 EL Olivenöl
Salz
Pfeffer
1 TL scharfer Senf
1 EL gehackte Petersilie

Meerrettichcreme
100 g Mayonnaise
30 g Crème fraîche
1 EL Sahnemeerrettich
Salz
Saft und abgeriebene Schale von 1 Bio-Zitrone
Brunnenkresse zum Garnieren, nach Belieben

Den Backofen auf 150 °C vorheizen. Das Roastbeef von allen Sehnen befreien und mit Salz würzen. Eine Pfanne mit dem Sonnenblumenöl stark erhitzen, das Fleisch darin rundum scharf anbraten und auf den Backrost in den vorgeheizten Ofen geben. Denn durch das Gitter verteilt sich die Hitze gleichmäßiger.

Das Roastbeef nach 8 Minuten wenden und in weiteren 6 Minuten rosa garen. Dies lässt sich am besten mit einem Kernthermometer überprüfen, das Fleisch sollte 56 °C im Kern aufweisen. Das rosa Roastbeef aus dem Ofen nehmen und kalt stellen.

Die Kartoffeln in Scheiben schneiden. Das Sonnenblumenöl in einer Pfanne erhitzen und die Kartoffeln darin langsam goldgelb braten. Die Zwiebel abziehen, fein würfeln, zusammen mit der Butter dazugeben und anschwitzen. Kartoffeln und Zwiebel in eine Schüssel geben und mit Essig, Kapern und Olivenöl marinieren. Mit Salz, Pfeffer und dem Senf abschmecken und kurz vor dem Anrichten die Petersilie hinzufügen.

Für die Creme die Mayonnaise mit der Crème fraîche und dem Meerrettich vermengen. Salzen und mit dem Zitronensaft und ein wenig Zitronenschale abschmecken.

Das Roastbeef dünn aufschneiden und mit dem lauwarmen Bratkartoffelsalat servieren. Nach Belieben mit Brunnenkresse garnieren und die Meerrettichcreme dazu reichen.

Spicy Chicken, Karotten-Mango-Salat, Papadam, Soja-Sesam-Dressing

Für 4 Personen

Spicy Chicken
½ TL Harissapaste (s. S. 110)
Salz
Sesamöl
2 Hähnchenkeulen, ausgelöst
1 Knoblauchzehe
20 g Ingwer
1 EL Sonnenblumenöl

Karotten-Mango-Salat
2 Karotten
1 feste, reife Mango
Saft und abgeriebene Schale von 1 Bio-Limette
2 EL Mirin (süßer jap. Reiswein)
2 EL Sesamöl
1 EL Olivenöl
2 EL gehacktes Koriandergrün
Salz

Soja-Sesam-Dressing
20 g schwarze fermentierte Sojabohnen
1 EL weißer Sesam, geröstet
30 ml Sojasauce
50 ml Mirin (süßer jap. Reiswein)
2 EL geröstetes Sesamöl

4 Papadam (s. S. 215), frittiert

Die Harissapaste mit etwas Salz und Sesamöl verrühren und die Fleischseite der Hähnchenkeulen damit einreiben. In eine flache Schale geben. Den Knoblauch abziehen, den Ingwer schälen, beides fein reiben und dazugeben. Das Fleisch zum Marinieren für 1 Tag in den Kühlschrank stellen.

Die Karotten schälen und in lange feine Streifen hobeln. Die Mango schälen und das Fruchtfleisch erst vom Kern schneiden und dann ebenfalls in dünne Streifen hobeln; es sollte so fest sein, dass es beim Schneiden nicht zerfällt. Beides mit Limettensaft, Mirin, Sesamöl und Olivenöl marinieren. Mit dem Koriandergrün, der Limettenschale und Salz abschmecken und ein paar Minuten ziehen lassen.

Die fermentierten Sojabohnen für 10 Minuten in warmes Wasser legen, dann abgießen und abtropfen lassen. Für das Dressing Sojabohnen, Sesam, Sojasauce, Mirin und Sesamöl in einem Topf vermengen und einmal aufkochen lassen.

Das Sonnenblumenöl in einer beschichteten Pfanne erhitzen. Das Fleisch etwas trocken tupfen und auf der Hautseite 8 Minuten bei mittlerer Hitze langsam braten, bis die Haut knusprig goldgelb ist und das Fleisch beginnt, an der Oberfläche etwas zu garen. Durch das langsame Braten wird die Haut besonders knusprig. Die Keulen, kurz bevor sie durch sind, wenden und auf der anderen Seite fertig braten.

Das Fleisch mit dem Salat und etwas Dressing auf den Papadam anrichten. Das restliche Dressing separat dazu reichen.

Vitello tonnato, Tomatenpesto, Rucola, eingelegte Perlzwiebeln

Vitello tonnato habe ich schon in meiner Lehrzeit gerne gegessen. Das Kalbfleisch mit der Thunfischsauce kommt auch im Pageou immer gut an. In dieser Variation habe ich den Klassiker mit einem hausgemachten Pesto und Perlzwiebeln verfeinert.

Für 4 Personen

Perlzwiebeln
125 ml Weißweinessig
100 g Zucker
100 g Perlzwiebeln

Vitello tonnato
100 g Mayonnaise
200 g Thunfisch aus der Dose (in Öl)
50 g Kapern
2 EL weißer Balsamicoessig
Salz
Pfeffer
Saft von ¼ Zitrone
1 Spritzer Worcestersauce
1 Kalbsrücken (etwa 500 g)
3 EL Rapsöl

Tomatenpesto
150 g getrocknete Tomaten (in Öl)
80 g Pinienkerne, geröstet
30 g Parmesan, gerieben
100 ml Tomaten-Einlegeöl (von den getrockneten Tomaten)
100 ml Olivenöl
1 EL Tomatenmark

1 Bund Rucola, gewaschen und geputzt

Für die Perlzwiebeln den Essig mit dem Zucker und 150 ml Wasser aufkochen. Die Zwiebeln abziehen, in den Sud geben und diesen erneut aufkochen lassen. Die Zwiebeln im Sud mindestens 1 Tag im Kühlschrank durchziehen lassen.
Für das Vitello tonnato Mayonnaise, Thunfisch und Kapern mit dem Stabmixer glatt pürieren. Mit Essig, Salz, Pfeffer, Zitronensaft und Worcestersauce abschmecken. Den Backofen auf 150 °C vorheizen. Das Fleisch salzen und pfeffern.
Das Rapsöl in einer Pfanne stark erhitzen und das Fleisch darin rundum kräftig anbraten. Anschließend den Kalbsrücken im Ofen 15 Minuten garen, dann herausnehmen, in Alufolie wickeln und kühlen.
Für das Pesto die Tomaten abtropfen lassen. Mit den Pinienkernen – ein paar zum Servieren beiseitelegen – und allen weiteren Zutaten für das Pesto im Mixer zerkleinern.
Den Kalbsrücken in dünne Scheiben schneiden und mit der Thunfischsauce, dem Pesto, dem Rucola und den Zwiebeln auf Tellern anrichten. Mit Pinienkernen bestreuen.

Tipp: Hierzu passen auch Crostini aus toskanischem Brot sehr gut. Das Brot schneide ich in Scheiben, röste es in Olivenöl an und richte das Vitello tonnato darauf an.

Gefüllte Zucchiniblüten, Serrano, Tomatenpesto, Rucola, Parmesanschaum

Für 4 Personen

Zucchiniblüten
6 mehligkochende Kartoffeln
2 Schalotten
1 Knoblauchzehe
1 Zucchini
3 EL Olivenöl, plus mehr für das Blech
4 Zweige Rosmarin
6 Zweige Thymian
Cayennepfeffer
Salz
Pfeffer
8 Zucchiniblüten

Parmesanschaum
2 Schalotten
50 g Knollensellerie
3 Champignons
30 g Butter
Salz
150 ml Weißwein
300 ml Geflügelfond
80 g Parmesan, frisch gerieben
150 g Schlagsahne
Pfeffer
Cayennepfeffer

4 hauchdünn geschnittene Scheiben Serranoschinken
½ Bund Rucola, gewaschen und geputzt
3 EL Tomatenpesto (s. S. 50)

Die Kartoffeln schälen und in Wasser in etwa 20 Minuten weich garen. Schalotten und Knoblauch abziehen. Zucchini und Schalotten fein würfeln, den Knoblauch halbieren. Das Olivenöl in einem Topf erhitzen und Zucchini, Schalotten und Knoblauch darin mit je 1 Zweig Rosmarin und Thymian anschwitzen. Rosmarin, Thymian und Knoblauch entfernen und das Gemüse mit Cayennepfeffer, Salz und Pfeffer abschmecken. Die Kartoffeln zerdrücken und untermengen. Den Backofen auf 160 °C vorheizen.

Die Zucchiniblüten waschen und putzen. Ein Backblech fetten. Die Blüten vorsichtig mit der Kartoffelmasse füllen, mit den restlichen Kräutern auf das Blech legen und 5 Minuten im Ofen backen.

Für den Parmesanschaum die Schalotten abziehen und in grobe Würfel schneiden. Den Sellerie schälen und würfeln. Die Champignons blättrig schneiden. Die Butter in einem Topf erhitzen. Schalotten, Sellerie und Champignons bei mäßiger Hitze darin sachte anschwitzen, ohne dass sie Farbe nehmen, dann leicht salzen, mit dem Weißwein ablöschen und den Wein vollständig verkochen lassen.

Den Fond angießen und das Gemüse in 20–30 Minuten weich köcheln lassen. Den Parmesan und die Sahne dazugeben, alles mit dem Stabmixer fein pürieren und anschließend durch ein Sieb streichen. Mit Salz, Pfeffer und Cayennepfeffer abschmecken und mit dem Stabmixer aufschäumen.

Die gefüllten Zucchiniblüten mit Schinken und Rucola, Parmesanschaum und Pesto auf Tellern anrichten.

Gazpacho Andaluz, Burrata, Serrano

Gazpacho ist ein Gericht, das wir im Sommer auf jeden Fall immer wieder auf der Karte haben. Die kalte, erfrischende Suppe braucht noch etwas Saftiges, Fettiges dazu: Deswegen kombiniere ich sie mit Burrata. Eine ganz außergewöhnliche Gazpacho entsteht, wenn Sie grüne Tomaten dafür verwenden.

Für 4 Personen

Gazpacho
1 kleine Salatgurke
2 rote Paprikaschoten
Salz
5 vollreife große Fleischtomaten
1 Scheibe Toastbrot
1 Knoblauchzehe
2 EL Sherryessig
4 EL Olivenöl
1 Prise Salz
1 Prise Pfeffer
Cayennepfeffer
Zucker
1 Kugel Burrata
4 Scheiben Serranoschinken

Gurke und Paprikaschoten mit einem Sparschäler schälen. Beides halbieren und die Samen aus dem Inneren entfernen.
In einem Topf reichlich Wasser aufkochen lassen und salzen. Die Tomaten mit einem kleinen Messer auf der Unterseite kreuzförmig einritzen und in dem Wasser 1 Minute blanchieren. Die Tomaten zum Abschrecken in Eiswasser geben, dann die Haut abziehen und den harten Stielansatz entfernen.
Gurke, Paprika und Tomaten grob in 2 cm große Stücke schneiden, das Brot grob zerzupfen und den Knoblauch abziehen und fein würfeln. Alle Zutaten für die Gazpacho vermengen und für 3 Stunden zum Marinieren beiseitestellen.
Die Gazpacho im Mixer zerkleinern und abschmecken. Sie sollte nicht zu fein sein; da alle Zutaten geschält sind, ist sie auch mit größeren Stücken angenehm zu essen. Die Suppe etwa 2 Stunden gut durchkühlen lassen.
Die Burrata mit den Fingern auseinanderziehen, in kleine Stücke zupfen und auf vier Suppentassen verteilen. Die kalte Gazpacho darübergießen und den Schinken separat dazu servieren.

Kalte weiße Tomatensuppe, Parmaschinken-Crostini, Pesto

Viele unserer Gäste im Pageou sind überrascht, wenn wir eine Tomatensuppe servieren, die weiß ist. »Seit wann gibt es denn weiße Tomaten!?« Das Rezept verrät Ihnen mehr.

Für 4 Personen

Tomatensuppe
2 Knoblauchzehen
12 vollreife Fleischtomaten
1 Stange Staudensellerie
1 Bund Basilikum
2 Zweige Thymian
Salz
Pfeffer
Cayennepfeffer
2 EL Himbeeressig

Crostini
2 EL Olivenöl
4 Scheiben Baguette (5 mm dick)
4 Scheiben Parmaschinken

Pesto
½ Bund Basilikum, Blättchen abgezupft
100 ml Olivenöl
20 g Parmesan, frisch gerieben
½ Knoblauchzehe, geschält
20 g Pinienkerne, geröstet

Für die Suppe den Knoblauch abziehen und mit allen anderen Zutaten in einem Mixer fein pürieren. Ein Sieb mit einem Geschirrtuch auslegen. Das Sieb auf einen Topf stellen, die Masse hineingeben und über Nacht im Kühlschrank abtropfen lassen.
Am nächsten Tag für die Crostini das Olivenöl in einer Pfanne erhitzen und die Baguettescheiben darin knusprig goldgelb ausbacken; herausnehmen und beiseitestellen.
Für das Pesto Basilikumblättchen, Olivenöl, Parmesan, Knoblauch und Pinienkerne mit einem Stabmixer pürieren. Das Pesto nicht zu lange mixen, da es sonst warm und das Basilikum grau wird.
Das Pesto auf den Crostini verteilen und mit Parmaschinken belegen.
Die Suppe abschmecken, in Schalen geben und mit den Crostini servieren.

Thymian-Brioche, Ziegenkäse, Feigen, Rucola, Serrano

Für 8 Personen

Thymian-Brioche
20 g Hefe
35 ml kalte Milch
125 g Ei (etwa 2 ½ Eier), plus 1 Ei zum Bestreichen
25 g Zucker
250 g Mehl, plus 2 EL zum Bearbeiten
125 g weiche Butter, klein gewürfelt
8 g Salz
1 EL gehackter Thymian

Ziegenkäse
1 EL Sonnenblumenöl
1 Rolle Ziegenweichkäse (200 g)

3 vollreife Feigen
8 Scheiben Serranoschinken
¼ Bund Rucola, gewaschen und geputzt

Die Hefe in der kalten Milch auflösen. Eier und Zucker dazugeben. Das Mehl in eine Küchenmaschine geben, die Ei-Milch-Mischung hinzufügen und zu einem Teig kneten. Dieser wird nicht homogen aussehen, sondern eher etwas krümelig. Die Butter nach und nach langsam dazugeben und unterkneten, dann Salz und Thymian hinzufügen und den Teig noch 1 Minute kneten. Den Teig an einem warmen Ort etwa 2 Stunden gehen lassen, bis sich sein Volumen verdoppelt hat.
Den Teig auf der bemehlten Arbeitsfläche in 50-g-Kugeln portionieren. Diese mit etwas Mehl so lange rollen, bis sie eine glatte Oberfläche bekommen.
Ein Backblech mit Backpapier auslegen. Die Teigkugeln daraufsetzen, mit einem Geschirrtuch abdecken und erneut 1 Stunde gehen lassen.
Den Backofen auf 160 °C vorheizen. Die Brioche mit dem Ei bestreichen und 12 Minuten backen.
Das Sonnenblumenöl in einer beschichteten Pfanne erhitzen. Die Ziegenkäserolle in acht Scheiben schneiden und die Scheiben von beiden Seiten scharf anbraten. Die Pfanne muss heiß sein, damit der Käse sofort eine Kruste bildet und nicht ausläuft. Eine weitere Pfanne erhitzen. Vier Brioche halbieren und darin anbraten. Es wird kein Fett benötigt, da genug Butter im Teig enthalten ist.
Die Feigen von Blütenansatz und Stiel befreien und in jeweils acht Scheiben schneiden. Die Scheiben auf den warmen Brioche verteilen, den Ziegenkäse darauf anrichten und mit dem Schinken und dem Rucola garnieren.

Gebackenes Kokoshähnchen, Mangold, Orangenvinaigrette, Gewürzlinsen

Für 4 Personen

Orangenvinaigrette
1 TL Zucker
300 ml Orangensaft
1 Lorbeerblatt
Salz
Saft von ½ Zitrone
2 EL Olivenöl
200 g Babymangold

Gewürzlinsen
1 Schalotte
1 Knoblauchzehe
30 g Butter
70 g Belugalinsen
½ TL Anapurna-Currypulver (s. S. 110)
½ TL Ras el-Hanout (s. S. 111)
2 EL Balsamicoessig
300 ml Gemüsefond
1 TL Speisestärke
30 g kalte Butter
1 Bund Petersilie
Salz

Kokoshähnchen
2 Hähnchenbrustfilets ohne Haut
Salz
100 g Panko (jap. Paniermehl)
100 g Kokosraspel
2 Eier
2 EL Mehl
500 ml Sonnenblumenöl zum Frittieren

Für die Vinaigrette den Zucker in einem Topf karamellisieren lassen und mit dem Orangensaft ablöschen. Das Lorbeerblatt zugeben und den Saft auf 100 ml einkochen lassen. Das Lorbeerblatt herausnehmen, den Saft mit Salz und Zitronensaft abschmecken und das Olivenöl unterschlagen. Die Mangoldblätter mit der Vinaigrette marinieren.
Für die Gewürzlinsen Schalotte und Knoblauch abziehen und fein würfeln. Die Butter in einem Topf erhitzen und beides darin langsam anschwitzen. Linsen, Currypulver und Ras el-Hanout dazugeben und mitschwitzen lassen. Mit dem Essig ablöschen, diesen vollkommen verkochen lassen und mit dem Fond auffüllen. Die Linsen sachte köcheln lassen, bis sie weich sind, falls nötig weiteren Fond zugeben.
Die Speisestärke mit 2 EL kaltem Wasser anrühren und unter Rühren zu den köchelnden Linsen geben. Die kalte Butter klein würfeln und hinzufügen. Die Linsen jetzt nicht mehr kochen lassen. Die Petersilie fein hacken und dazugeben. Die Linsen mit Salz abschmecken. Wichtig ist, dass erst zum Schluss gesalzen wird, ansonsten verlängert sich die Garzeit erheblich.
Das Fleisch in 2 cm dicke Scheiben schneiden und salzen. Panko und Kokosraspel auf einem Teller mischen, die Eier in einem tiefen Teller verquirlen und das Mehl auf einen dritten Teller geben. Die Hähnchenscheiben zuerst in dem Mehl wenden, dann durch das Ei ziehen und abschließend mit der Panko-Kokos-Mischung panieren.
Das Sonnenblumenöl auf 170 °C erhitzen und das Fleisch darin 3–4 Minuten frittieren. Das Fett darf nicht zu heiß sein, da die Panade sonst verbrennt.
Den marinierten Mangold zu den Linsen und dem gebackenen Hähnchen reichen.

Tipp: Für eine andere Note können Sie das Hähnchen auch klassisch mit Mehl, Ei und Semmelbröseln panieren oder Sie geben etwas gerösteten Sesam unter die Panade.

Bunter Bohnensalat, Zitronen-Tahin-Dressing, Rinderstreifen

Die meisten unserer Gäste kennen Tahin nur als Zutat im Hummus. Ich wollte hier zeigen, dass man Tahin auch wunderbar in ein erfrischendes Salatdressing geben kann.

Für 4 Personen

Bohnensalat
100 g Breite Bohnen
30 g ausgelöste Edamame-Kerne
100 g Keniabohnen
60 g frische Borlottibohnen
1 rote Paprikaschote
2 Zweige Bohnenkraut

Zitronen-Tahin-Dressing
2 Schalotten
1 EL Olivenöl
2 EL Kalbsjus (s. S. 213, Grundrezepte)
50 ml Geflügelfond
abgeriebene Schale von 2 Bio-Zitronen
Saft von ½ Zitrone
1 EL weißer Balsamicoessig
1 EL Tahin (Sesammus)
1 EL Traubenkernöl
50 ml Olivenöl
Salz
Cayennepfeffer

Rinderstreifen
Sonnenblumenöl
500 g Rinderrücken, in 2 cm dicke Streifen geschnitten
Salz
Pfeffer
2 Zweige Thymian
2 Zweige Rosmarin
50 g Butter

Die Breiten Bohnen in Stücke schneiden.
Die Bohnensorten getrennt voneinander im Salzwasser kochen, bis sie gar sind; Edamame benötigen etwa 1 Minute, die Breiten Bohnen und die Keniabohnen etwa 3 Minuten, Borlottibohnen müssen etwa 20 Minuten in ungesalzenem Wasser gekocht werden. Die Breiten Bohnen, die Keniabohnen und die Edamame sofort in Eiswasser abschrecken, damit sie schön grün bleiben. Sämtliche gekochten Bohnen in eine Schüssel füllen.
Die Paprika mit einem Sparschäler schälen. Das Fruchtfleisch in feine Würfel schneiden und zu den gekochten Bohnen geben.
Das Bohnenkraut vom Stiel zupfen, fein hacken und ebenfalls dazugeben.
Für das Dressing die Schalotten abziehen, fein würfeln und im Olivenöl anschwitzen. Kalbsjus und Geflügelfond dazugeben. Das Dressing nicht aufkochen, es sollte nur lauwarm werden, so ziehen die Aromen besser in die Bohnen ein. Die restlichen Zutaten mit einem Schneebesen einrühren, das Dressing mit Salz und Cayennepfeffer würzen und über die Bohnen gießen.
Parallel dazu etwas Sonnenblumenöl in einer Pfanne erhitzen und die Fleischstreifen darin scharf anbraten. Das Fleisch salzen und pfeffern, Thymian, Rosmarin und Butter dazugeben und das Fleisch noch ein wenig braten.
Den Salat auf Tellern anrichten und das Fleisch darüber verteilen.

Tipp: Wer mag, kann die Breiten Bohnen wie auf dem Bild mit einem Sparschäler schneiden, dann sind sie schon nach 1 Minute weich.

Rindertatar, Paprikacreme, schwarze Oliven, Babyspinat

Ich bereite das Tatar gerne so zu wie im Rezept beschrieben. Eine tolle Alternative ist aber auch, es bei hoher Temperatur kurz anzubraten. Das gibt dem Gericht zusätzlich tolle Röstaromen und hebt den Fleischgeschmack stärker hervor.

Für 4 Personen

Rindertatar
500 g frisches Rinderfilet, gut gekühlt
3 Eigelb
1 EL Kapern
2 EL gehackte Essiggurken
1 TL gehackte Sardellenfilets
1 EL Dijonsenf
2 EL Ketchup
1 Bund Schnittlauch, in Röllchen geschnitten
Salz
Pfeffer
Cayennepfeffer
3 EL Olivenöl

Paprikacreme
4 rote Paprikaschoten
1 Knoblauchzehe
2 Zweige Thymian
2 Zweige Rosmarin
100 ml Olivenöl
Salz
2 Eigelb
1 mittelgroße mehligkochende Kartoffel, geschält und gekocht
1 g Safran
100 ml Sonnenblumenöl
Cayennepfeffer
1 EL Zitronensaft

einige Brotchips zum Servieren
100 g Babyspinat, gewaschen
80 g schwarze Oliven

Für das Tatar das Rinderfilet in ganz feine Würfel schneiden. Die restlichen Zutaten hinzufügen, sorgfältig untermengen und das Tatar 30 Minuten im Kühlschrank durchziehen lassen. Herausnehmen und gegebenenfalls nochmals mit frisch gemahlenem Pfeffer und Salz abschmecken.
Den Backofen auf 220 °C vorheizen, die Grillfunktion zuschalten, falls möglich. Die Paprikaschoten vierteln und vom Kerngehäuse befreien. Den Knoblauch abziehen und zusammen mit Thymian und Rosmarin auf ein Backblech legen. Die Paprikaviertel mit der Hautseite nach oben darüber verteilen. Mit dem Olivenöl benetzen und salzen.
Die Paprika im Ofen richtig dunkel werden lassen. Ist die gesamte Haut schwarz, die Viertel in eine Frischhaltedose geben und diese mit dem Deckel verschließen. So lässt sich die Haut später besonders gut abziehen.
Nach 10 Minuten die Haut der Paprika abziehen und die Paprika gemeinsam mit den Eigelben, der Kartoffel und dem Safran im Mixer fein zerkleinern. Wer mag, kann den gebackenen Knoblauch mit hineingeben.
Während der Mixer läuft, das Sonnenblumenöl langsam einlaufen lassen. Die Paprikacreme mit Salz, Cayennepfeffer und etwas Zitronensaft abschmecken.
Das Tatar auf den Brotchips anrichten und mit Spinat, Oliven und Paprikacreme servieren.

Gegrillte Garnele, Spargelsalat, cremiges Eigelb

Mit diesem Rezept möchte ich zeigen, dass Ei nicht immer gebraten oder gekocht werden muss. Hier mache ich eine cremige Sauce daraus, die den Spargelsalat und die Garnele wunderbar ergänzt.

Für 4 Personen

Spargelkochfond
Saft von ½ Zitrone
1 EL Zucker
1½ EL Salz
30 g Butter

Spargelsalat
24 Stangen weißer Spargel, geschält
4 Strauchtomaten
1 Schalotte
Olivenöl
1 EL Estragonessig
Salz
1 Bund Frühlingszwiebeln

Cremiges Eigelb
8 Eier (Größe M), 7 Minuten gekocht
1 EL Crème fraîche
Salz
Pfeffer
Cayennepfeffer
1 Spritzer Zitronensaft

Garnele
2 EL Sonnenblumenöl
12 Salzwassergarnelen
Salz
Saft von ¼ Zitrone
1 EL Butter

Alle Zutaten für den Spargelkochfond mit 3 l Wasser in einen flachen Topf geben und aufkochen lassen. Den Spargel schälen, holzige Enden abschneiden. In den Kochfond legen und je nach Dicke in 3–4 Minuten bissfest garen; herausheben und auf einem flachen Blech auskühlen lassen, Spargelkochfond aufbewahren. Die Stangen in 1 cm lange Stücke schneiden und in eine Schüssel geben.
Die Tomaten auf der Unterseite kreuzförmig einritzen, in kochendem Wasser 30 Sekunden blanchieren und dann in kaltem Wasser abschrecken. Die Tomaten von Haut und Samen befreien, in kleine Würfel schneiden und zum Spargel geben.
Die Schalotte abziehen und fein würfeln. Etwas Olivenöl in einem Topf bei mäßiger Temperatur erhitzen und die Schalottenwürfel darin glasig anschwitzen, dann mit 200 ml Spargelfond ablöschen; etwas abkühlen lassen. Den Spargel mit dem warmen Schalottenfond benetzen und mit dem Essig und gegebenenfalls Salz abschmecken. Zum Schluss die Frühlingszwiebeln putzen, waschen, in feine Ringe schneiden und dazugeben.
Für die Creme die gekochten Eier pellen. Die Eigelbe vom Eiweiß befreien und mit der Crème fraîche in einem Mixer oder mit einem Stabmixer fein pürieren. Mit Salz, Pfeffer, Cayennepfeffer und Zitronensaft abschmecken.
Parallel dazu eine Pfanne mit dem Sonnenblumenöl heiß werden lassen und die Garnelen darin auf beiden Seiten etwa 30 Sekunden anbraten. Mit Salz und etwas Zitronensaft würzen. Dann die Butter in die Pfanne geben und die Garnelen noch ein wenig darin braten.
Den Salat auf Tellern anrichten, die Garnelen darauf platzieren und mit der Creme beträufeln.

Thunfisch demi grillé, Panzanella, rote Zwiebel, Radieschen

Brotsalat ist inzwischen ein sehr bekanntes und weit verbreitetes Gericht. Ich möchte ihn hier einmal anders zubereiten und kombiniere ihn daher mit marinierten Zwiebeln und leicht angebratenem Thunfisch. Achten Sie beim Einkauf auf einwandfreie Qualität.

Für 4 Personen

Zwiebel
125 ml Weißweinessig
100 g Zucker
1 TL Salz
1 rote Zwiebel

Panzanella
150 g Weißbrot
3 EL Rapsöl
1 gelbe Paprikaschote
200 g Tomaten
1 Bund Rucola
½ Bund glatte Petersilie
2 Zweige Rosmarin
2 Zweige Thymian
2 EL Balsamicoessig
5 EL Traubenkernöl
1 EL Kapern
1 Prise Salz
1 Prise Pfeffer
Parmesanspäne zum Dekorieren
8 Radieschen

Thunfisch
4 Scheiben Thunfisch (à 150 g) in Sashimi-Qualität
Salz
2 EL Rapsöl
schwarzer Pfeffer

Den Weißweinessig mit 150 ml Wasser, dem Zucker und dem Salz in einem kleinen Topf aufkochen. Die Zwiebel abziehen und in Streifen schneiden. Die Marinade etwas abkühlen lassen, die Zwiebel damit übergießen und am besten über Nacht marinieren.
Für die Panzanella das Weißbrot in 2 cm große Würfel schneiden. Das Rapsöl in einer Pfanne erhitzen und die Brotwürfel darin bei mittlerer Temperatur anbraten. Paprika und Tomaten waschen, von den Samen befreien und grob würfeln. Rucola und Petersilie hacken, von Rosmarin und Thymian die Blättchen abzupfen. Essig, Öl, Kapern, Salz und Pfeffer zu einer Vinaigrette verrühren. Kurz vor dem Servieren alle Zutaten für die Panzanella mit der Vinaigrette vermischen und mit Parmesanspänen dekorieren.
Die Radieschen dünn hobeln und in kaltes Wasser legen, damit sich die Scheiben vollsaugen und richtig knackig werden.
Den Thunfisch von beiden Seiten leicht salzen. Das Rapsöl in einer beschichteten Pfanne stark erhitzen und den Thunfisch darin beidseitig scharf anbraten. Er soll im Kern roh bleiben und lediglich leicht temperieren. Den Fisch aus der Pfanne nehmen und pfeffern.
Den Thunfisch auf der Panzanella anrichten, Zwiebeln und Radieschen dazu reichen.

Tipp: Wichtig ist, dass der Thunfisch in eher dicke Scheiben geschnitten ist, sodass er beim Braten nicht zu schnell gar wird. Er sollte auf jeden Fall halbroh bleiben, damit er nicht trocken wird.

GEWÜRZE

Fenchelsamen mit ihrem anisähnlichen Aroma setze ich sehr gerne ein, wenn ich Fischgerichte, zum Beispiel Tintenfisch oder Hummer, koche. Wenn Melonenzeit ist, mache ich Salat aus Fenchel, Fenchelsamen und Honigmelone. Zum Schluss ein bisschen Pernod darauf – herrlich!

Grüner Kardamom ist ein herb schmeckendes, leicht süßliches orientalisches Gewürz, das wir zu Hause sehr viel verwendet haben. Schwere Gerichte macht es deutlich bekömmlicher. Ich verwende Kardamom auch sehr gerne in Kombination mit Tomaten: Einer Sauce oder einem Sugo verleiht er einen sehr viel interessanteren Geschmack. Dafür koche ich die Kapseln mit. Wenn ich einer kalten Sauce wie einem Joghurt eine Kardamomnote geben möchte, zermahle ich das Gewürz im Mörser und aromatisiere den Joghurt mit dem Pulver. Die Sauce schmecke ich dann noch mit etwas Olivenöl und Cayennepfeffer ab. Das passt sehr gut zu Börek, Kalb und Jakobsmuscheln.

Kreuzkümmel (Cumin) kenne ich aus der Küche meiner Mutter. Ein Klassiker bei uns zu Hause, den wir nach wie vor sonntags gerne essen, ist Mamas Linsensuppe mit Kreuzkümmel, Minze und etwas Zitronensaft. Das Gewürz ist sehr dominant, schmeckt bitter und leicht scharf, daher gibt man es zu Lebensmitteln mit starkem Eigengeschmack wie Lamm oder aromatisiert damit »neutrale« Produkte wie Linsen und Kichererbsen. Auch zu Joghurt oder Hummus passt eine Kreuzkümmelnote sehr gut.

Safran ist das teuerste Gewürz der Welt und für mich persönlich sehr vielseitig, da ich ihn zu Fleisch, Fisch und Gemüse verwenden kann. Safran, der die Gerichte nicht nur würzt, sondern auch intensiv gelb färbt, schmeckt zart-herb. Ich bevorzuge die Fäden, man kann aber auch Safranpulver verwenden. Ganz wichtig zu wissen: Safran ist wasser-, aber nicht fettlöslich. Mein Tipp also: etwas Alkohol oder Wasser aufkochen, Safran dazugeben, 15 bis 30 Minuten ziehen lassen – und dann erst zum Gericht geben. Und noch ein Tipp: Echter Safran hat seinen Preis. Auf Märkten in Italien, Dubai und der Türkei wird oft sehr günstiger Safran angeboten – Vorsicht, das ist gefärbtes Heu!

Sojasauce kann für einen Koch Fluch und Segen gleichzeitig sein. Wenn man die falsche Sojasauce einsetzt oder sie falsch dosiert, kann man ein Gericht schnell ruinieren. Ich empfehle in meinen Kochkursen immer, eine milde, salzarme Sojasauce zu verwenden, damit man den Eigengeschmack des Gerichts nicht übertönt. Die Sauce mit ihrem typischen vollmundigen, intensiven Umami-Geschmack lässt sich sehr gut mit Limettensaft, etwas Erdnuss- oder Traubenkernöl und ein wenig frisch gehackter Chilischote zu einem Dip kombinieren. Das schmeckt hervorragend zu gebackenem Gemüse oder rohen Fisch- und Fleischgerichten.

Sumach haben wir in meiner Kindheit sehr häufig in Salaten und Saucen verwendet. Es handelt sich dabei um die Samen des Essigbaums, die getrocknet und fein gerieben werden. Sumach hat einen leicht säuerlichen Geschmack. Ein Tipp: Geben Sie unter Salat aus rohen, geschnittenen Zwiebeln ein bisschen frisch gehackte Petersilie und etwas Sumach. Das gibt eine schöne, frische Note und macht die Zwiebeln milder.

Ingwer ist aus meiner Küche gar nicht wegzudenken. Ich verwende die aromatische, scharf schmeckende Wurzel sehr gerne zum Würzen und Aromatisieren: Ingwer gibt meinen Gerichten eine gewisse Leichtigkeit – dann schmeckt man ihn eher dezent im Abgang – oder einen etwas dominanteren, besonderen Kick. Unsere orientalischen Ingwer-Linsen haben eine starke Ingwernote. Dem Aprikosenchutney verleiht er dagegen nur eine gewisse Frische und hält sich dezent im Hintergrund.

Lavendel kannte ich nicht – ich bin ihm in Deutschland das erste Mal »begegnet«: Fritz Schilling, mein Freund und damaliger Küchenchef in den *Schweizer Stuben*, hat viel Lavendel verarbeitet. Ich verwende ihn meistens in der Patisserie und mache sehr oft Eis daraus. Im Sommer gebe ich gerne Lavendelhonig zu Ziegenkäse im Pancetta-Mantel – das passt wirklich gut!

Meerrettich habe ich auch in meiner Lehrzeit kennengelernt. Damals habe ich ihn sehr viel zur deftigen bayerischen Küche verwendet. Aber auch jetzt esse ich Meerrettich wirklich gerne und kombiniere ihn sehr oft mit gekochtem Fisch oder Fleisch. Er bringt eine schöne, gesunde Schärfe mit, die das Gericht gut unterstützt.

Vanille ist ein großartiges Gewürz. Bei einem Besuch auf einer Vanilleplantage auf Mauritius habe ich gelernt, dass eine Vanillepflanze von der Aussaat bis zur fertigen Schote, die man zum Kochen und Backen verwenden kann, 22 Monate braucht! Kein Wunder, dass Vanille eines der teuersten Gewürze der Welt ist. Sie wird bei mir sehr viel in der süßen Küche, also der Patisserie, eingesetzt. Ich bin kein Freund von salzigen Vanillegerichten. Wir verwenden natürlich echte Vanille (Bourbon-Vanille), die einen sehr starken, unnachahmlichen Eigengeschmack hat. Hier ist es wichtig, die Dosierung zu beachten: Man kann ein Gericht damit sehr schön verfeinern und hervorragend würzen, aber andererseits auch schnell ruinieren.

Zimt verwendet man in (Nord-)Europa überwiegend zur Weihnachtszeit. Dabei kann das leicht süßliche, sehr aromatische Gewürz hervorragend das ganze Jahr über eingesetzt werden. Meinen ersten Milchreis bei meiner Mutter habe ich mit Zimt gegessen, deswegen werde ich den Geschmack nie vergessen. Ich weiß noch, wie wir Kinder uns immer gefreut haben, wenn Mama »Zimtreis« gemacht hat. Aber Zimt passt nicht nur zu süßen Gerichten – wir setzen ihn im *Pageou* sehr häufig ein und verwenden am liebsten Ceylon-Zimt: Zum Beispiel würze ich die Tomatensauce für Köfte mit einer Prise Zimt oder aromatisiere damit Saucen für Wildgerichte. Auch zu vegetarischem Essen passt er sehr gut. Oder verfeinern Sie mal Basmatireis mit einer Prise Zimt, eingelegten Sultaninen, gerösteten Mandeln, Orangen- und Zitronenschalen, ein bisschen Koriander und Minze – köstlich!

Spargelcremesuppe, Ricotta, gebeizter Saibling

Für 4 Personen

Saibling
1 Saiblingsfilet (300 g; mit Haut)
½ Bio-Zitrone
½ Bio-Orange
1 EL Senfsamen
1 EL Koriander
3 Sternanis
2 Kardamomkapseln
1 EL schwarzer Pfeffer
100 g Salz
100 g Zucker
1 Bund Dill
1 Bund Petersilie
1 EL Olivenöl

Spargelcremesuppe
12 Stangen weißer Spargel
2 weiße Zwiebeln
40 g Butter
1 EL Salz
1 EL Zucker
300 ml trockener Weißwein
1 l Geflügelfond
2 Lorbeerblätter
Saft und abgeriebene Schale von 1 Bio-Zitrone
300 g Schlagsahne
1 EL Speisestärke, falls nötig
Cayennepfeffer

100 g Ricotta

Am Vortag den Fisch vorbereiten: Das Saiblingsfilet waschen, etwas trocken tupfen und mit der Haut nach unten in eine mindestens 5 cm hohe Schale legen. Die Schale von Zitrone und Orange über dem Fisch abreiben. Die Gewürze mit dem Salz und dem Zucker in der Küchenmaschine zerkleinern und ebenfalls über dem Saibling verteilen. Dill und Petersilie waschen, trocken schütteln, grob hacken und auf den Fisch streuen. Das Olivenöl darübergeben und Frischhaltefolie direkt auf den Fisch legen, sodass er abgedeckt ist. Den Fisch zum Beizen für 24 Stunden in den Kühlschrank stellen, danach aus der Beize nehmen und dünn aufschneiden.

Den Spargel schälen, die holzigen Enden abschneiden. Die Zwiebeln abziehen und grob würfeln. In einem großen Topf die Butter zerlassen und die Zwiebeln langsam darin anschwitzen. Die Spargelstangen grob in Scheiben schneiden und mit den Zwiebeln in der Butter schwenken. Salz und Zucker zugeben und 3 Minuten anschwitzen. Mit dem Wein ablöschen, diesen vollständig verkochen lassen, dann den Fond angießen. Die Lorbeerblätter und drei Zitronenzesten hinzugeben und die Suppe 40 Minuten bei mittlerer Temperatur köcheln lassen. Der Geflügelfond darf auf die Hälfte einkochen, der Spargel sollte schön weich sein.

Die Sahne dazugeben und einmal aufkochen lassen, Lorbeer und Zesten entfernen, die Spargelspitzen herausfischen und beiseitestellen. Die Suppe mit einem Stabmixer fein pürieren, durch ein Sieb streichen, noch einmal aufkochen und eventuell mit Salz und Zucker nachwürzen. Sollte sie zu dünn sein, die Speisestärke mit etwas Wasser anrühren und die Suppe damit binden. Mit Zitronensaft und Cayennepfeffer abrunden.

Mit zwei Teelöffeln vom Ricotta Nocken abstechen und in jede Suppentasse einen geben. Den gebeizten Saibling hineinlegen, die Spargelspitzen dazulegen und die heiße Suppe darum angießen.

Thunfischtatar,
Rosenwassermelone, Spargel, Avocado

Ich aromatisiere Wassermelone gerne mit Rosenwasser, beides harmoniert sehr gut miteinander. Doch Achtung: Rosenwasser hat einen sehr starken Eigengeschmack, daher bei der Dosierung lieber vorsichtig sein.

Für 4 Personen

Rosenwassermelone
¼ kleine Wassermelone
Saft von 1 Limette
1 EL Rosenwasser

Thunfischtatar
600 g Thunfisch in Sashimi-Qualität
2 Schalotten
1 Chilischote
abgeriebene Schale von 2 Bio-Limetten
2 EL Olivenöl
1 EL Sesamöl
20 g Koriandergrün, fein gehackt
1 TL Salz
1 Prise Zucker

Spargel und Avocado
1 Avocado
Saft und abgeriebene Schale von 1 Bio-Limette
2 EL Olivenöl
Salz
4 Stangen weißer Spargel
getrocknete Rosenblütenblätter zum Garnieren, nach Belieben

Aus dem Melonenfruchtfleisch zwölf 3 × 3 cm große Würfel schneiden. Das restliche Fruchtfleisch mit dem Limettensaft und dem Rosenwasser mixen. Die Melonenwürfel mit dem Saft bedecken und möglichst 24 Stunden marinieren.
Den Thunfisch in feine Würfel schneiden. Die Schalotten abziehen, fein würfeln und kurz blanchieren. Die Chilischote ohne Samen fein würfeln. Chili, Thunfisch und Schalotten mit den restlichen Zutaten für das Tatar vorsichtig vermengen und kalt stellen.
Die Avocado halbieren, den Kern herausnehmen und die Schale entfernen. Das Fruchtfleisch in kleine Ecken schneiden, mit dem Limettensaft und 1 EL Olivenöl benetzen, salzen und mit etwas Limettenschale verfeinern.
Den Spargel schälen und die holzigen Enden abschneiden. Die Stangen in gesalzenem Wasser bissfest kochen, aus dem Wasser nehmen und etwas auskühlen lassen. Die Stangen in 3 cm große Stücke schneiden und mit dem restlichen Olivenöl (1 EL) und etwas Salz marinieren.
Das Tatar probieren und nach Belieben nachwürzen. Es verliert während des Marinierens etwas an Geschmack.
Das Tatar mit den Melonenwürfeln, Avocadoecken und Spargelstücken auf Tellern anrichten.

Tipp: Wer mag, kann das Gericht mit kleinen, einzelnen Segmenten von getrockneten Rosenblütenblättern garnieren.

Gebratener Oktopus, Romatomaten-Gurken-Salat, Korinthen, Bulgur

Oktopus kommt im Pageou sehr gerne und oft zum Einsatz. Damit er auch wirklich zart bleibt, ist es wichtig, ihn lieber etwas länger, dafür aber bei niedriger Hitze zu garen.

Für 4 Personen

Oktopus
Salz
2 Schalotten
1 Knoblauchzehe
1 kleine Fenchelknolle
1 kleine Karotte
1 Zweig Rosmarin
1 Zweig Thymian
1 TL schwarze Pfefferkörner
1 TL Fenchelsamen
4 Oktopustentakel
1 EL Sonnenblumenöl
Osmanisches Gewürz
(s. S. 111)

Bulgur
1 Schalotte
2 EL Olivenöl
100 g Bulgur
1 TL Anapurna-Currypulver
(s. S. 110)
1 Prise Kreuzkümmel
½ TL Salz
150 ml Geflügelfond
1 Bund Petersilie

Romatomaten-Gurken-Salat
8 reife Romatomaten
1 Salatgurke
1 Bund Schnittlauch
1 EL Korinthen,
in 2 EL Apfelsaft eingelegt
2 EL Balsamico-Vinaigrette
(s. S. 212, Grundrezepte)

Einen hohen Topf mit gesalzenem Wasser füllen und zum Kochen bringen. Die Schalotten abziehen, den Knoblauch zerdrücken. Fenchel von Grün und Strunk befreien, Karotte schälen. Beides mit den Schalotten grob würfeln und in den Topf geben. Kräuter, Gewürze und Knoblauch hinzufügen. Die Oktopustentakel einlegen und 1 Stunde köcheln lassen, dann ein Stückchen probieren und gegebenenfalls weitere 10 Minuten garen.
Für den Bulgur die Schalotte abziehen und würfeln. Das Olivenöl in einem Topf erhitzen und die Schalotte darin anschwitzen. Den Bulgur und die Gewürze dazugeben und mit anschwitzen. Den Geflügelfond dazugießen und einmal aufkochen lassen. Den Deckel auflegen, den Bulgur vom Herd nehmen und 20 Minuten ziehen lassen. Nach 10 Minuten einmal kurz umrühren und den Deckel sofort wieder schließen. Die Petersilie fein hacken und dazugeben.
Parallel dazu den Salat zubereiten. Die Tomaten achteln und vom weichen Inneren samt Samen befreien. Die Salatgurke schälen und der Länge nach mithilfe eines Sparschälers in lange Streifen schneiden. Den Schnittlauch in feine Röllchen schneiden. Alles in eine Schüssel geben und mit den eingelegten Korinthen und der Vinaigrette vermengen.
Das Sonnenblumenöl in einer beschichteten Pfanne erhitzen und den gekochten Oktopus darin scharf anbraten. Mit Salz und Osmanischem Gewürz würzen und neben dem Bulgur anrichten. Den Romatomaten-Gurken-Salat dazu servieren.

Lachs-Sashimi, Erbsensalat, Himbeer-Minze-Dressing

Himbeeren passen wegen ihrer fruchtigen Süße und der leichten Säure sehr gut zu Gemüse mit starkem Eigengeschmack und zu herzhaften Gerichten, wie diesem Lachs-Sashimi. Im Sommer bekommt ein bekanntes Gericht so ganz einfach eine frische und besondere Note.

Für 4 Personen

Lachs-Sashimi
400 g Lachsfilet
80 g Zuckerschoten
Salz
80 g Erbsen (frisch oder TK)

Dressing
2–3 Bio-Limetten
20 g Zucker
25 ml Olivenöl
25 ml Traubenkernöl
10 Himbeeren
6 Blättchen Minze

8 Himbeeren zum Garnieren
einige Stängel Kerbel zum Garnieren

Den Lachs mit einem scharfen Messer in etwa 2 mm dicke Scheiben schneiden. Bei dieser Dicke schmeckt er am besten und kann gut die Marinade aufnehmen. Die Lachsscheiben auf den Tellern verteilen.
Von jeder Zuckerschote beide Enden abschneiden und den Faden abziehen. Die Schoten längs halbieren. In einem Topf Wasser aufkochen, salzen und die Zuckerschoten darin in 1 Minute bissfest blanchieren; sofort in Eiswasser abschrecken. Die frischen Erbsen ebenso blanchieren. Tiefgekühlte Erbsen, falls verwendet, auftauen lassen.
Die Erbsen und Zuckerschoten locker auf dem Lachs verteilen.

Die Limetten auspressen und die Schale abreiben. Man benötigt 60 ml Saft. Zucker, Limettensaft, Olivenöl, Traubenkernöl, Himbeeren und 50 ml Wasser in einen Mixbecher geben, mit einem Stabmixer vermengen und anschließend durch ein Sieb streichen. Die Minze in feine Streifen schneiden und dazugeben.
Das Dressing über den Lachs und die Erbsen gießen und mit den Himbeeren und etwas Kerbel garnieren.

Tipp: Anstelle von Himbeeren passen auch Heidelbeeren wunderbar zu Lachs und Zuckerschoten.

Carpaccio von der Amalfi-Zitrone, roh marinierte Seeforelle, Parmesan-Pistazien-Chips

An der Amalfi-Küste bin ich großer Zitronenfan geworden. Dort habe ich die Zitronen, deren dicke Schale man mitessen kann, zum ersten Mal probiert. Das etwas bittere, süß-säuerliche Aroma passt sehr gut zu Parmesan, Olivenöl und Pistazien.

Für 4 Personen

Marinade
20 g Zucker
60 ml Saft und abgeriebene Schale von 1 Bio-Zitrone
25 ml Olivenöl
25 ml Traubenkernöl

Carpaccio
3 Bio-Amalfi-Zitronen
200 g Seeforellenfilet

Parmesan-Pistazien-Chips
50 g Parmesan
10 g Pistazienkerne

1 Romanasalatherz zum Garnieren

Alle Zutaten für die Marinade mit 50 ml Wasser in einen hohen Messbecher geben und mit einem Stabmixer verquirlen.
Für das Carpaccio die Zitronen heiß abwaschen und die Enden abschneiden. Die Zitronen in sehr dünne Scheiben schneiden, 1 mm wäre die perfekte Stärke. Die Scheiben sofort auf einem Teller flach anrichten.
Das Seeforellenfilet mit einem scharfen Messer in 2–3 mm dicke Scheiben schneiden und locker auf dem Zitronencarpaccio verteilen.
Für die Parmesanchips den Ofen auf 180 °C vorheizen. Den Parmesan dünn und gleichmäßig auf ein mit Backpapier ausgelegtes Backblech fein reiben. Die Pistazien darüber reiben. Die grünen Pistazien sehen in den Chips gut aus und haben einen tollen Geschmack. Die Chips im Ofen goldgelb und richtig knusprig backen. Sind sie zu blass, enthalten sie noch zu viel Feuchtigkeit und werden nicht knusprig. Das Blech aus dem Ofen nehmen. Den Käse auf dem Blech auskühlen lassen, dann in Chips zerbrechen.
Die Marinade über dem Fisch und der Zitrone verteilen. Das Carpaccio mit den Parmesanchips servieren und mit ein wenig Romanasalatblättern garnieren.

Bittersalate, süß-saurer Kürbis, Physalis, gegrillte Garnele

Dies hier ist ein tolles Herbstgericht, bei dem ich dem oft langweiligen Kürbis mithilfe der anderen Zutaten sein tolles Aroma entlocke und seinen Geschmack hervorhebe.

Für 4 Personen

Kürbis
¼ Hokkaidokürbis
100 ml Weißweinessig
80 g Zucker
1 Gewürznelke
1 Splitter Zimtrinde
5 g Salz

Bittersalate
½ Kopf Radicchio
1 Kopf Chicorée
1 Bund Rucola
1 Schale Physalis
80 ml Balsamico-Vinaigrette (s. S. 212, Grundrezepte)

Garnele
1 Knoblauchzehe
1 EL Sonnenblumenöl
12 Garnelen ohne Kopf, geschält und entdarmt
Salz
1 EL Butter
1 Zweig Thymian

Den Kürbis von den Kernen und Fasern befreien, nicht schälen. Den Kürbis mit einem Sägemesser erst in 5 mm dicke Scheiben schneiden und dann würfeln.
Die Würfel mit 100 ml Wasser und den restlichen Zutaten in einen Topf geben und aufkochen lassen. Vom Herd nehmen und zum Marinieren für 24 Stunden kalt stellen.
Die Salate gut waschen. Den Radicchio und den Chicorée vom Strunk befreien, in 3 cm große Stücke schneiden und für 10 Minuten in warmes Wasser legen. Vom Rucola die harten Stiele entfernen.
Die Salate aus dem Wasser nehmen und gut trocken schleudern. Auf Tellern anrichten. Den Kürbis aus der Marinade nehmen und auf dem Salat verteilen. Die Physalis aus den hauchfeinen Blättern nehmen, halbieren und ebenfalls darauf verteilen. Die Salate mit der Balsamico-Vinaigrette marinieren.
Für die Garnelen den ungeschälten Knoblauch mit dem Handballen andrücken. Das Sonnenblumenöl in einer Pfanne erhitzen und die Garnelen mitsamt Knoblauch darin scharf anbraten; salzen. Die Garnelen wenden und auf der anderen Seite ebenfalls scharf anbraten. Butter und Thymian hinzufügen, die Garnelen noch 20 Sekunden darin braten und warm auf dem Salat verteilen.

Tipp: Wer im Herbst schon genug Kürbissuppe oder Ähnliches aufgetischt bekommen hat, kann für dieses Rezept auch Karotten oder Rote Bete als Alternative verwenden.

Oktopus lauwarm, Bittersalate, Orange, Pane Carasau

Für 4 Personen

Oktopus
Olivenöl
4 Oktopustentakel, gekocht (s. S. 74)
Salz
Osmanisches Gewürz (s. S. 111)

Bittersalate
1 Chicorée
1 Kopf Radicchio
1 Kopf Friséesalat
1 Bund Kerbel
300 ml Orangensaft
3 EL Olivenöl
Saft von ½ Zitrone
1 EL weißer Balsamicoessig
Salz
Cayennepfeffer
Zucker

100 g Pane Carasau (s. S. 215)

Etwas Olivenöl in einer Pfanne erhitzen und die Tentakel darin scharf anbraten; mit Salz und Osmanischem Gewürz würzen.
Den Chicorée längs halbieren und vom Strunk befreien. Die Staude in 3 cm breite Stücke schneiden. Den Radicchio ebenfalls größtenteils von den dicken weißen Blattrippen befreien und wie den Chicorée schneiden. Radicchio und Chicorée für etwa 10 Minuten in warmes Wasser legen.
Inzwischen den Frisée zupfen, hier wird vor allem der helle Teil im Inneren des Kopfs verwendet, diesen in möglichst große Stücke zupfen. Die Kerbelblättchen ebenso von den Stielen zupfen und gemeinsam mit dem Frisée waschen. Alle Salate aus dem Wasser nehmen und gut trocken schleudern.
Den Orangensaft auf 100 ml einkochen lassen und mit dem Olivenöl vermengen. Zitronensaft und Essig unterschlagen und das Dressing mit Salz, Cayennepfeffer und Zucker abschmecken. Die Bittersalate damit marinieren und gemeinsam mit dem lauwarmen Oktopus anrichten. Das Pane Carasau separat dazu reichen.

Tipp: Bittersalate haben ein sehr intensives Aroma, das nicht jeder mag. Um das Bittere zu mildern, lege ich die Salate in lauwarmem Wasser ein, bevor ich sie trocken schleudere und weiterverwende.
Eine schöne Variante ist es, den Radicchio mit Butter, etwas Zucker und Thymian zu karamellisieren, bevor er zu den anderen Salaten gegeben wird.

Wildlachs in Sesam-Pfeffer-Kruste, Gurke, Ingwer, Kardamomjoghurt

Das Zusammenspiel von Sesam, Pfeffer und Kardamom macht dieses Gericht aus. Die drei Gewürze harmonieren gut und sind gesund! Da sie alle drei aber einen starken Eigengeschmack haben, sollte man vorsichtig dosieren, damit auch der Lachs noch zu schmecken ist.

Für 4 Personen

Sesam-Pfeffer-Kruste
2 EL geröstetes Sesamöl
1 TL weißer Sesam
1 TL schwarzer Sesam
1 EL Panko (jap. Paniermehl)
1 EL gehacktes Koriandergrün
½ TL zerstoßener schwarzer Pfeffer

Gurken-Ingwer-Salat
1 Salatgurke
25 g Ingwer
60 g Asiamarinade (s. S. 212, Grundrezepte)

Kardamomjoghurt
100 g türkischer Joghurt (10 % Fett)
1 EL Olivenöl
1 EL Zitronensaft
1 Prise gemahlener Karadamom
Salz
Cayennepfeffer

Wildlachs
4 Stücke Wildlachs (à 120 g)
Salz
1 EL Sonnenblumenöl

Für die Kruste das Sesamöl in einem Topf erhitzen. Den weißen und den schwarzen Sesam darin anrösten. Das Panko dazugeben und langsam mitrösten lassen, bis es goldgelb ist. Die Mischung aus dem Topf nehmen und abkühlen lassen. Das Koriandergrün und den zerstoßenen schwarzen Pfeffer dazugeben.
Die Salatgurke schälen, der Länge nach mithilfe eines Sparschälers in lange Streifen schneiden. Den Ingwer schälen und ebenfalls mit dem Sparschäler in feine Streifen schneiden. In einem kleinen Topf etwas Wasser aufkochen lassen, den Ingwer darin blanchieren und mit kaltem Wasser abschrecken. Den Ingwer zur Gurke geben und mit der Asiamarinade marinieren.
Für den Kardamomjoghurt alle Zutaten vermengen; mit Salz und Cayennepfeffer abschmecken.
Den Gurken-Ingwer-Salat auf den Tellern anrichten. Den Joghurt daneben und darauf verteilen. Den Lachs salzen. Das Sonnenblumenöl in einer beschichteten Pfanne erhitzen und den Lachs darin scharf von beiden Seiten anbraten. Er sollte im Kern glasig bleiben. Die Kruste darauf verteilen und den Fisch zum Salat anrichten.

HAUPTGERICHTE

Das besondere Herzstück

Gegrillter Ziegenkäse, Himbeerspinat, grüner Spargel

Wie Sie sicher schon bemerkt haben, kombiniere ich sehr gerne Früchte mit Gemüse. Ich finde, das gibt einen sehr spannenden Geschmack. Hier geben die Himbeeren dem Spinat eine leicht süß-säuerliche Note.

Im Pageou wandele ich das Rezept gerne auch mit Hütten- oder Nomadenkäse (auch tulum peyniri genannt) ab. Beides ist sogar noch etwas cremiger als der Ziegenkäse.

Für 4 Personen

4 Rollen Ziegenweichkäse (à 200 g)
1 EL Sonnenblumenöl
1 Stange grüner Spargel
Salz
1 Schalotte
30 g Butter
8 Handvoll Babyspinat, gewaschen
Pfeffer
Muskatnuss, frisch gerieben
125 g Himbeeren

Den Backofen auf 60 °C vorheizen.
Jede Ziegenkäserolle in fünf Scheiben schneiden. Eine beschichtete Pfanne stark erhitzen und mit dem Sonnenblumenöl benetzen. Die Käsescheiben darin auf beiden Seiten scharf anbraten, auf ein Backblech geben, in den Ofen schieben und warm halten.
Das untere Drittel der Spargelstange schälen, das holzige Ende abschneiden. Die Stange in 2 cm große Stücke schneiden. In einem kleinen Topf gesalzenes Wasser aufkochen lassen und den Spargel darin etwa 1½ Minuten blanchieren.
Parallel dazu die Schalotte abziehen und fein würfeln. Die Butter in einem Topf zerlassen und die Schalotte darin anschwitzen. Den Spinat dazugeben und mit Salz, Pfeffer und Muskatnuss würzen. Den Spargel hinzufügen, vermengen und auf den Tellern anrichten.
Die Himbeeren mit den Fingern etwas zerzupfen und auf dem Spinat verteilen. Den warmen Ziegenkäse darauf servieren.

Gebackene Avocado, Erbsenstampf, Buttermilchschaum

Avocado wird meistens einfach als Frucht oder zerdrückt in einem Dip wie Guacamole gegessen, sie lässt sich aber auch ganz toll grillen und backen. Die weiche Textur der Avocado harmoniert super mit der knusprigen Panade.

Für 4 Personen

Avocado
4 Avocados
Salz
Pfeffer
Cayennepfeffer
100 g Mehl
2 Eier
300 g Panko (jap. Paniermehl)
1 l Sonnenblumenöl zum Frittieren

Erbsenstampf
500 g Erbsen (TK)
abgeriebene Schale von 3 Bio-Limetten
Salz
Cayennepfeffer
100 g braune Butter (s. S. 212, Grundrezepte)
1 EL getrocknete Nanaminze (s. S. 42)

Buttermilchschaum
150 ml Buttermilch
70 g Crème fraîche
1 Prise Salz
1 Prise Cayennepfeffer
Saft von ½ Zitrone
2 EL Olivenöl

einige Minzeblättchen zum Garnieren

Die Avocados halbieren, schälen und vom Kern befreien. Das Fruchtfleisch mit Salz, Pfeffer und Cayennepfeffer würzen und panieren. Dafür das Mehl, die Eier und das Panko auf je einen Teller geben. Die Eier verquirlen. Die Avocados erst im Mehl wenden, dann durch das Ei ziehen und abschließend mit dem Panko panieren.
Die Erbsen etwa 30 Minuten antauen lassen, dann in einen Mixer geben. Die Limettenschale hinzufügen und mit Salz und Cayennepfeffer würzen. Die noch warme braune Butter dazugeben und alles mixen. Die Erbsen sollen nur etwas zerkleinert werden, nicht komplett fein sein. Ist die Menge für den Mixer zu groß, lieber in zwei Portionen mixen. Den Erbsenstampf in einen Topf geben und warm rühren; nochmals abschmecken und mit der Nanaminze würzen.
Alle Zutaten für den Buttermilchschaum in einen Topf geben, mit einem Stabmixer aufschäumen und leicht erwärmen. Der Buttermilchschaum darf nur zimmerwarm sein, wird er stärker erhitzt, flockt die Buttermilch aus.
Das Sonnenblumenöl auf 180 °C erhitzen und die Avocados darin in etwa 3 Minuten goldbraun ausbacken. Noch etwas salzen, in Spalten schneiden und auf dem Erbsenstampf anrichten. Mit Minze garnieren und mit dem Buttermilchschaum servieren.

Hausgemachte Bandnudeln, Pinienkern-Kräuter-Pesto, Pecorino

Pasta ist auch im Pageou ein sehr beliebtes Gericht, das wir deswegen in den verschiedensten Variationen immer wieder auf die Karte schreiben. Dieses Rezept lässt sich auch durch ein feines Lammfilet oder Krustentiere wie Garnelen wunderbar ergänzen.

Für 4 Personen

1 Knoblauchzehe
1 Bund Basilikum
80 g Pecorino
80 g Pinienkerne, geröstet
120 ml Olivenöl
500 g Nudelteig (s. S. 213, Grundrezepte)
Salz
500 g Kirschtomaten

Den Knoblauch abziehen, die Basilikumblättchen abzupfen, 30 g Pecorino reiben. Die Pinienkerne gemeinsam mit dem Knoblauch, dem Olivenöl sowie dem Pecorino und dem Basilikum – ein paar Blättchen zum Garnieren beiseitelegen – in einem Mixer zu einem feinen Pesto zerkleinern.

Den Nudelteig mit einer Nudelmaschine erst etwa 2 mm dünn ausrollen und dann mit einem Bandnudelaufsatz schneiden. In einem großen Topf Wasser zum Kochen bringen und kräftig salzen. Die Nudeln darin bissfest kochen, in ein Sieb abgießen, in eine Schüssel geben und mit dem Pesto vermengen.

Die Kirschtomaten halbieren, hinzufügen und einmal gut durchschwenken. Den restlichen Pecorino (50 g) in feine Späne hobeln.

Die Nudeln auf den Tellern anrichten und mit den Pecorinospänen und Basilikumblättchen garnieren.

Tipp: Wer keine Nudelmaschine hat, rollt den Teig mit einem Nudelholz möglichst dünn aus, rollt ihn der Länge nach zusammen und schneidet die Rolle mit einem scharfen Messer in feine Streifen.

Kartoffelgnocchi, grüner Spargel, Wildkräutercreme

Für 4 Personen

Kartoffelgnocchi
1 kg mehligkochende Kartoffeln
250 g Mehl
50 g braune Butter (s. S. 212, Grundrezepte)
1 Eigelb
Salz
Muskatnuss, frisch gerieben

Grüner Spargel
1 Bund grüner Spargel
Salz
Zucker
30 g Butter

Wildkräutercreme
300 g Crème fraîche
2 EL Olivenöl
1 Prise Salz
1 Prise Pfeffer
1 Prise Cayennepfeffer
abgeriebene Schale und Saft von ½ Bio-Zitrone
1 EL gehackte Petersilie
1 EL gehackter Kerbel
1 EL gehackter Bärlauch
1 EL gehackter Dill

Den Backofen auf 190 °C vorheizen. Die ungeschälten Kartoffeln waschen, auf ein Backblech legen und 1 Stunde im Ofen garen. Die Kartoffeln aus dem Ofen nehmen, halbieren und das Fruchtfleisch aus der Schale kratzen. Das gelingt am einfachsten, solange sie noch heiß sind. Die Kartoffelmasse durchpressen und auskühlen lassen.
600 g der durchgedrückten Kartoffeln mit dem Mehl, der braunen Butter und dem Eigelb mischen, mit Salz und Muskatnuss würzen und zu einer Masse verkneten.
In einem Topf Wasser zum Kochen bringen und kräftig salzen. Die Kartoffelmasse in sechs Portionen teilen und diese zu langen Rollen mit einem Durchmesser von etwa 2 cm formen. Sollte der Teig kleben, noch etwas Mehl unterkneten. Die Rollen mit einer Teigkarte oder einem Messer in 2 cm lange Stücke schneiden. Die Gnocchi in das Wasser geben und etwa 3 Minuten köcheln lassen.
Das untere Drittel der Spargelstangen schälen. Die holzigen Enden entfernen, dann die Stangen in 2 cm lange Stücke schneiden. In einem Topf Wasser mit etwas Salz und einer Prise Zucker aufkochen. Den Spargel in dem Wasser 1½ Minuten blanchieren, herausnehmen, in kaltem Wasser abschrecken und abtropfen lassen.
Alle Zutaten für die Wildkräutercreme mit einem Schneebesen glatt rühren.
Die Gnocchi aus dem Wasser nehmen und das Wasser weggießen. Die Gnocchi mit dem Spargel zurück in den Topf geben, die Butter dazugeben, durchschwenken und so glasieren. Die Gnocchi mit dem Spargel auf Tellern oder in Schalen anrichten und mit der Wildkräutercreme servieren.

Tipp: Ein Salat aus den Wildkräutern, die in der Creme verwendet wurden, passt als Topping sehr gut dazu. Dafür einfach die gezupften Kräuter mit Balsamico-Vinaigrette (s. S. 212, Grundrezepte) marinieren und auf den Gnocchi servieren. Blättchen und Blüten von Rotem Klee machen sich zusätzlich gut als Garnitur.

Geschmorte Aubergine, Baharat-Feta, Maulbeer-Couscous, Babyspinat

Für 4 Personen

Aubergine
2 Auberginen
Salz
3 EL Olivenöl
3 Schalotten
1 Knoblauchzehe
1 TL Ras el-Hanout (s. S. 111)
200 g passierte Tomaten

Baharat-Feta
100 g Feta
2 EL Olivenöl
½ TL Baharat (s. S. 110)
1 TL gehackte Petersilie

Maulbeer-Couscous
350 ml Geflügelfond
1 Msp. gemahlener Kreuzkümmel
1 Msp. gemahlener Koriander
1 Msp. Baharat (s. S. 110)
1 TL Salz
200 g Couscous
50 g Olivenöl
Saft von ½ Zitrone
50 g Maulbeeren, gehackt
1 Bund Petersilie, gehackt

2 Handvoll Babyspinat, gewaschen
2 EL Balsamico-Vinaigrette (s. S. 212, Grundrezepte)

Die Auberginen von Stiel- und Blütenansatz befreien. Mit einem Sparschäler die Schale entfernen. Die Auberginen achteln, salzen und auf Küchenpapier abtropfen lassen.
Nach 20 Minuten die gesalzenen Auberginen trocken tupfen. In einer Pfanne das Olivenöl erhitzen und die Auberginen darin scharf anbraten. Die Schalotten abziehen, halbieren und in feine Streifen schneiden.
Den Backofen auf 200 °C vorheizen. Die Auberginen aus der Pfanne nehmen, die Temperatur reduzieren und die Schalotten in dem nicht zu heißen Öl schwenken. Den Knoblauch abziehen, blättrig schneiden und ebenfalls in die Pfanne geben, anschwitzen. Beides mit Ras el-Hanout und Salz würzen, dann die Tomaten hinzufügen.
Die Auberginen in eine ofenfeste Form legen, mit der Tomatensauce übergießen, mit Alufolie bedecken und so im Ofen 25 Minuten schmoren, bis sie weich sind.
Den Feta etwas zerkleinern, mit den restlichen Zutaten für den Baharat-Feta vermengen und zum Marinieren beiseitestellen.
Für den Couscous den Geflügelfond mit Gewürzen und Salz aufkochen. Den Couscous unterrühren und zugedeckt neben dem Herd 10 Minuten quellen lassen. Dann kurz etwas umrühren und weitere 10 Minuten quellen lassen. Den Couscous mit Olivenöl, Zitronensaft und Salz abschmecken. Zum Schluss die gehackten Maulbeeren und die Petersilie hinzufügen.
Den Spinat mit der Vinaigrette anmachen. Couscous, geschmorte Aubergine mitsamt Sauce, Feta und Spinatsalat gemeinsam servieren.

Gefüllte Zucchini, Bulgur, Feta, Vadouvan-Zwiebel-Confit

Vadouvan ist ein Gewürz mit einem starken Eigengeschmack, das Sie erst im Mörser etwas zermahlen sollten, bevor Sie es vorsichtig dosieren. Probieren Sie gerne selbst aus, wie viel davon Sie zu den Zwiebeln geben, damit es Ihnen am besten schmeckt.

Für 4 Personen

Gefüllte Zucchini
1 Schalotte
1 Knoblauchzehe
1 EL getrocknete, in Öl eingelegte Tomaten, plus etwas Einlegeöl
200 g Bulgur
Salz
300 ml Geflügelfond
2 EL Taggiasca-Oliven (s. S. 216)
1 Bund Basilikum
50 g Pinienkerne, geröstet
2 mittelgroße Zucchini
2 EL Olivenöl
80 g Feta

Vadouvan-Zwiebel-Confit
6 Schalotten
1 EL Olivenöl
Salz
1 TL Vadouvan (s. S. 111)
2 EL Balsamicoessig
100 ml Rotwein

Für die gefüllten Zucchini Schalotte und Knoblauch abziehen und fein würfeln. Etwas Tomateneinlegeöl in einem Topf erhitzen und beides darin anschwitzen. Den Bulgur hinzufügen und mitschwitzen, salzen. Den Fond angießen und aufkochen lassen. Den Deckel auflegen, den Topf vom Herd nehmen und den Bulgur 15 Minuten quellen lassen.
Den fertigen Bulgur mit einer Gabel auflockern und etwas abkühlen lassen. Tomaten und Oliven fein würfeln und zum Bulgur geben.
Die Basilikumblättchen klein hacken – ein paar zum Servieren beiseitelegen – und zusammen mit den Pinienkernen unterheben. Den Bulgur nochmal gut abschmecken.
Die Zucchini waschen, längs halbieren und mit einem Löffel das weiche Innere samt Kernen herausschaben. Den Backofen auf 180 °C vorheizen. Das Olivenöl in einer beschichteten Pfanne erhitzen, die Zucchini salzen und in dem Öl von beiden Seiten anbraten. In eine ofenfeste Form oder auf ein Backblech legen und mit dem Bulgur füllen. Den Feta mit den Fingern zerbröseln und darauf verteilen. Die Zucchini im Ofen 15–20 Minuten backen.
Für das Confit die Schalotten abziehen und in feine Streifen schneiden. Das Öl in einem Topf erhitzen. Die Schalotten darin langsam anschwitzen, dann salzen und das Vadouvan zugeben. Mit dem Essig ablöschen, den Rotwein dazugießen und einkochen lassen, bis das Confit sämig ist. Die Schalotten sollten leicht überzogen sein und schön glänzen.
Die gefüllten Zucchini auf Tellern anrichten, mit Basilikumblättchen garnieren und das Confit dazu reichen.

Gebratene Steinpilze, Ofenkartoffeln, Basilikum, Parmesancreme

Dieses Gericht habe ich zum ersten Mal bei meinem Freund und Mentor Fritz Schilling aus den Schweizer Stuben gegessen und fand es so toll, dass ich es immer wieder auf die Karte des Pageou setze. Die kalte Parmesancreme harmoniert wunderbar mit den heißen Pilzen und Kartoffeln.

Für 4 Personen

Ofenkartoffeln
350 g Grenaille-Kartoffeln, (s. S. 214), gewaschen
30 ml Olivenöl
Salz
Pfeffer

Basilikumöl
½ Bund Basilikum
50 ml Olivenöl

Steinpilze
400 g Steinpilze
1 Schalotte
2 EL Olivenöl
30 g Butter

Parmesancreme
200 g Schlagsahne
40 g Parmesan, frisch gerieben
1 Prise Salz
1 Prise Cayennepfeffer
1 Prise Pfeffer

Den Backofen auf 180 °C vorheizen. Die Kartoffeln halbieren, mit Olivenöl, Salz und Pfeffer würzen, auf einem Backblech verteilen und in 25 Minuten goldgelb und knusprig backen.
Das Basilikum – einige Blättchen zum Garnieren beiseitelegen – mit dem Olivenöl in einen Mixbecher geben und mit dem Stabmixer fein zerkleinern.
Die Steinpilze mit einem Tuch säubern und in 2 cm große Stücke schneiden. Die Schalotte abziehen und fein würfeln. Das Olivenöl in einer Pfanne erhitzen und die Pilze darin goldgelb anbraten. Die Schalotte mit der Butter zu den Pilzen geben und anschwitzen.
Für die Parmesancreme die Sahne mit den restlichen Zutaten mit einem Stabmixer schaumig aufschlagen.
Die Kartoffeln mit den Pilzen auf Tellern anrichten und mit dem Basilikumöl beträufeln. Die Parmesancreme in kleinen Klecksen drumherum verteilen und alles mit Basilikum garnieren.

Tipp: Statt der Kartoffeln passen auch gekochte oder gebratene Artischockenböden wunderbar.

Kürbisravioli, Chicorée, Datteln

Mir ist es wichtig zu zeigen, dass man Datteln nicht nur als Trockenobst snacken, sondern sie auch in herzhaften Gerichten wunderbar einsetzen kann. Ihre Süße passt hervorragend zu Kürbis und wertet dieses herbstliche Gericht subtil auf.

Für 4 Personen

Kürbisravioli
¼ Hokkaidokürbis
2 Schalotten
30 g Butter
1 TL Currypulver
Salz
100 ml Geflügelfond
1 Ei
500 g Nudelteig,
(s. S. 213, Grundrezepte)

Chicorée und Datteln
1 Chicorée
50 g getrocknete Datteln
30 g Butter

Den Kürbis von den Fasern und Kernen befreien, nicht schälen und in 2 cm große Stücke schneiden. Die Schalotten abziehen und grob würfeln. Die Butter in einem Topf erhitzen und beides darin langsam anschwitzen. Mit Currypulver und Salz würzen und mit dem Fond auffüllen.
Den Deckel auflegen und den Kürbis schön weich schmoren. Den weichen Kürbis noch etwas offen köcheln lassen, bis keine Flüssigkeit mehr im Topf verbleibt. Das Gemüse mit einem Kartoffelstampfer zerdrücken, nochmals abschmecken und kalt stellen.
Das Ei verquirlen. Den Nudelteig zu einer langen Bahn 1,5 mm dick ausrollen und mit dem Ei bestreichen. Mit einem Teelöffel nebeneinander Häufchen vom Kürbispüree auf der Teigbahn platzieren. Die Teigbahn der Länge nach zur Hälfte umklappen und die Luft zwischen den Teigschichten zu einer Seite herausdrücken. Mit einem Ausstechring Halbkreise ausstechen und diese an den Rändern gut zusammendrücken.
Den Chicorée vom Strunk befreien und in feine Streifen schneiden. Die Datteln halbieren und in Streifen schneiden.
In einem großen Topf reichlich Wasser aufkochen und salzen. Die Ravioli im Salzwasser in 3 Minuten al dente garen, abgießen. Mit Chicorée und Datteln in eine Pfanne geben, die Butter dazugeben und bei niedriger Temperatur kurz glasieren. In Pastatellern servieren.

Gegrillte Aubergine, Kopfsalat, Erdnüsse

Da wir in meinem Heimatdorf Pageou im Garten auch Auberginen hatten, bin ich schon mit diesem Gemüse groß geworden. Bei uns gab es Auberginen in allen Variationen: gegrillt, als Salat … Man kann sie auch nach der Ernte in Scheiben schneiden, einwecken und im Winter für Eintöpfe verwenden.

Für 4 Personen

10 Zweige Thymian
2 Zweige Rosmarin
1 Knoblauchzehe
100 ml Olivenöl
2 Auberginen
Salz
2 Kopfsalatherzen
Balsamico-Vinaigrette (s. S. 212, Grundrezepte)
80 g geröstete und gesalzene Erdnüsse

Die Kräuterblättchen von den Stielen zupfen, den Knoblauch abziehen. Kräuter und Knoblauch fein hacken und mit etwas Olivenöl vermischen.
Die Auberginen von Blüten- und Stielansatz befreien, in 1 cm dicke Scheiben schneiden und leicht salzen. In einer Pfanne 2 EL Olivenöl erhitzen und die Auberginen darin scharf anbraten. Die Auberginen nehmen sehr viel Fett auf, falls nötig noch etwas Olivenöl hinzufügen.
Wenn die Auberginen schön gebräunt sind, mit einem Pinsel etwas von der Kräutermischung daraufstreichen. Das Gemüse noch kurz in der Pfanne braten, dann auf Küchenpapier abtropfen lassen.
Den Kopfsalat klein zupfen, in kaltem Wasser gut waschen und anschließend trocken schleudern. Die Salatblätter mit der Balsamico-Vinaigrette anmachen. Die warmen Auberginen auf Teller geben und den Kopfsalat darauf anrichten. Mit den gerösteten Erdnüssen garnieren.

Tipp: Statt Auberginen kann man auch Spitzpaprika verwenden. Diese werden mit der Haut gegrillt und dann geschält (s. S. 62).

Gebratene Waldpilze, lauwarmer Spinat, Nussbutterpüree

Wenn man echte Waldpilze bekommt (oder selber sammelt), ist dies ein tolles Herbstgericht. Durch die braune Butter (auch Nussbutter genannt) bekommt das Kartoffelpüree ein tolles nussiges Aroma, das super zu den Waldpilzen und dem Babyspinat passt.

Für 4 Personen

Nussbutterpüree
300 g mehligkochende Kartoffeln
50 g braune Butter (s. S. 212, Grundrezepte)
Salz
Muskatnuss, frisch gerieben
100 ml heiße Milch
3 EL Schlagsahne

Waldpilze
200 g Steinpilze
100 g Pfifferlinge
100 g Herbsttrompeten
2 Schalotten
2 EL Olivenöl
30 g Butter
200 g Babyspinat, gewaschen
Salz
Pfeffer
Muskatnuss, frisch gerieben

Die Kartoffeln schälen, klein schneiden, in Wasser weich garen, abgießen und direkt durch eine Kartoffelpresse drücken. Die Butter unterrühren und das Püree mit Salz und Muskatnuss würzen. Die heiße Milch unterrühren und das Püree durch ein feines Sieb streichen; warm halten. Kurz vor dem Servieren die Sahne unterziehen.

Steinpilze und Pfifferlinge mit einem kleinem Messer abschaben, um sie von anhaftendem Dreck zu befreien. Hartnäckiger Schmutz lässt sich gut mit einem feuchten Küchenpapier entfernen. Pilze möglichst nicht waschen, da sie sich dabei mit Wasser vollsaugen. Die Herbsttrompeten müssen leider gewaschen werden, da ihnen viel Sand und Dreck anhaftet, den man anderweitig nicht entfernen kann. Die Herbsttrompeten nach dem Waschen gut trocken schleudern. Die Schalotten abziehen und fein würfeln.

Das Olivenöl in einer Pfanne erhitzen und sämtliche Pilze darin anbraten. Wenn die Pilze eine schöne Farbe haben, die Schalotten mit der Butter zugeben und kurz anschwitzen. Den Spinat hinzufügen und etwas zusammenfallen lassen. Alles mit Salz, Pfeffer und etwas Muskatnuss abschmecken.

Die gebratenen Pilze und den Spinat mit dem Kartoffelpüree servieren.

Gebratener Ziegenkäse, Rote Bete, Lavendel

Ein ähnliches Gericht (bei dem noch Pfirsich dabei war) habe ich mal in der Provence gegessen. Weil ich es so gut fand, wollte ich gerne auch auf die Karte des Pageou eine Kombination aus Ziegenkäse und Lavendel setzen. Ein bisschen schneller zuzubereiten ist es, wenn man den Lavendel einfach mit etwas Honig und Orangenzesten vermischt und über den Käse gibt.

Für 4 Personen

Marinade
200 ml Rote-Bete-Saft
½ TL Sumach (s. S. 68)
½ TL Zucker
1 Prise Salz
1 Prise Pfeffer
½ TL Lavendel
1 TL Speisestärke
50 ml Granatapfelessig
2 EL Olivenöl

400 g gekochte Rote Bete
4 Rollen Ziegenweichkäse (à 200 g)
1 EL Sonnenblumenöl
125 g Salatmix aus Rucola, Babyspinat und Kerbel
2 EL Balsamico-Vinaigrette (s. S. 212, Grundrezepte)

einige Zweige Lavendel, nach Belieben

Für die Marinade den Rote-Bete-Saft aufkochen lassen und die Gewürze sowie den Lavendel hinzufügen. Die Speisestärke mit 1 EL Wasser anrühren, in den Rote-Bete-Saft rühren und diesen erneut aufkochen lassen. Den Granatapfelessig sowie das Olivenöl einrühren.
Die gekochte Rote Bete in 2 mm dünne Scheiben schneiden, wie ein Carpaccio auf Tellern anrichten und mit der Marinade benetzen.

Den Ziegenkäse mit einem scharfen Messer in 2 cm dicke Scheiben schneiden. Eine beschichtete Pfanne erhitzen, das Sonnenblumenöl hineingeben und den Ziegenkäse darin scharf von beiden Seiten anbraten.
Die Ziegenkäsescheiben auf der Roten Bete verteilen. Den Salatmix waschen, trocken schleudern, mit der Balsamico-Vinaigrette marinieren und darauf drapieren. Nach Belieben mit Lavendel garnieren.

Kräuterrisotto, Roquefort, Walnüsse

Risotto ist mein absolutes Lieblingsgericht. Wenn ich essen gehe und weiß, dass er frisch zubereitet wird, bestelle ich gerne Risotto. Daher koche ich ihn auch gerne im Pageou in vielen Varianten. Dort ist er vor allem mittags sehr beliebt.

Für 4 Personen

Kräuterrisotto
1 Schalotte
1 Knoblauchzehe
Olivenöl
1 Zweig Rosmarin
1 Zweig Thymian
150 g Risottoreis
100 ml trockener Weißwein
500 ml heißer Geflügelfond
1 EL gehackte Petersilie
1 TL gehackter Thymian
1 TL gehacktes Basilikum
50 g kalte Butter
50 g Parmesan, frisch gerieben
Saft von ½ Zitrone
Salz
Pfeffer
100 g Walnusskerne
200 g Roquefort

einige Blättchen Basilikum und Sauerampfer zum Servieren, nach Belieben

Die Schalotte abziehen und fein würfeln. Den Knoblauch abziehen und zerdrücken. Das Olivenöl in einem Topf erhitzen und die Schalotte mit Rosmarin und Thymian sowie dem Knoblauch darin anschwitzen. Den Reis dazugeben und mitschwitzen. Mit dem Wein ablöschen und diesen einkochen lassen. Nach und nach den Geflügelfond dazugeben, dabei mit einem Holzlöffel rühren. Der Reis muss insgesamt etwa 20 Minuten köcheln. Kurz vor Ende der Garzeit die gehackten Kräuter hinzufügen und die Kräuterzweige entfernen. Zum Schluss die Butter unterrühren und Parmesan und Zitronensaft unterziehen. Den Risotto mit Salz und Pfeffer abschmecken.
Während der Risotto köchelt, den Backofen auf 180 °C vorheizen und die Walnusskerne im Ofen 8 Minuten rösten.
Die Nüsse auf dem Risotto verteilen. Den Roquefort in etwa 2 cm große Stücke zupfen und darübergeben. Nach Belieben mit Basilikum und Sauerampfer garnieren.

GEWÜRZMISCHUNGEN

Anapurna-Currypulver ist eine Gewürzmischung aus Bockshornklee, Kurkuma, Kreuzkümmel, Korianderkörnern, Fenchel, Chili, Knoblauch, Ingwer, Senf, schwarzem Pfeffer, Galgant, Kardamom, Macis und Zimtblüten. Sie passt sehr gut zu indischen Currys auf Tomatenbasis, Joghurtdips oder Dhal.

Baharat ist türkisch und heißt wörtlich übersetzt »Gewürz«. Es wird aus Pfeffer, Paprikapulver, Kreuzkümmel, Kardamom, Muskat, Zimt, Koriander und Nelken hergestellt. Die Mischung schmeckt zugleich süß und scharf und passt gut zu Kartoffelgerichten und Hülsenfrüchten. Toll ist auch, dass die Süße des Baharat zum Beispiel Tomaten ein bisschen die Säure nimmt.

Ducca ist eine äthiopische Gewürzmischung aus weißem Sesam, Kichererbsen, Koriander, Kreuzkümmel, schwarzem Pfeffer, Thymian und Minze und kann sehr vielseitig eingesetzt werden: Ich verwende sie häufig zu Auberginengerichten wie geschmorten Auberginen oder Auberginensalat. Auch mit Ducca aromatisierter Joghurt schmeckt toll. Im *Pageou* geben wir Ducca zum Bohnensalat oder machen eine Ducca-Vinaigrette für unsere Salate. Ducca riecht vor allem nach Kichererbsen und Sesam und gibt dem Gericht dadurch sofort eine orientalische Note.

Harissa ist eine Gewürzmischung, die meistens aus Chilischoten, Koriander, Kreuzkümmel, Knoblauch und Salz hergestellt wird. Es gibt sie auch als Paste, dafür werden die Gewürze mit Olivenöl verrührt. Ich persönlich bevorzuge jedoch die trockene Mischung. Im *Pageou* verwenden wir Harissa oft zu Lamm, Baba ganoush oder anderen Auberginengerichten.

Ras el-Hanout, eine marokkanische Gewürzmischung, gibt es in sehr vielen verschiedenen Varianten, denn es wird aus ungefähr 25 Zutaten zusammengestellt. Mein persönlicher Favorit ist die Mischung von Ingo Holland, aber das muss jeder für sich selbst herausfinden. Das Gewürz passt gut zu vegetarischen Gerichten wie Bulgur oder in Saucen (wie einer Ras-el-Hanout-Jus) zu Rind- und Lammgerichten. Aber auch eine Tomatensauce lässt sich damit wunderbar aromatisieren.

Osmanisches Gewürz ist meine Entdeckung des Jahres auf dem Gewürzmarkt in Istanbul. Die genaue Zusammensetzung kenne ich auch nicht, das ist das Geheimnis meines Gewürzhändlers. Aber immerhin hat er mir verraten, was reinkommt: Paprika- und Tomatenflocken, Chili, Bergthymian und Knoblauch. Diese Mischung verwende ich inzwischen sehr häufig. Sie macht sich richtig gut in geschäumter Butter zu Oktopus oder Garnelen – das schmeckt göttlich. Bei uns hier ist das Osmanische Gewürz nur schwer erhältlich – im Notfall bei mir anrufen.

Vadouvan habe ich erst vor drei oder vier Jahren entdeckt. Die Gewürzmischung besteht aus Zwiebeln, Knoblauch, Senf, Urdbohnen, Linsen, Bockshornklee, Kreuzkümmel, Fenchel, Kurkuma, Curryblättern, Sesam-, Kokosnuss-, Erdnussöl und Salz. Ich hatte anfangs Schwierigkeiten, sie einzusetzen, weil sie aus fermentierten Gewürzen besteht. Daher kann man sie nicht einfach nach Belieben verwenden. Vadouvan ist sehr dominant und nicht jedermanns Geschmack. Nach einigem Probieren haben wir dafür einen guten Weg gefunden – im *Pageou* setzen wir Vadouvan in Reis-, Bohnen- oder Kartoffelgerichten ein, da kommt die Mischung sehr, sehr gut an. Damit niemand auf ein fermentiertes Curryblatt beißt, mixen wir sie, bevor wir sie zu den Gerichten geben.

Geschmorte Kalbsschulter, Safran-Kartoffel-Püree, Frühlingsgemüse

Für 4 Personen

Kalbsschulter
1,2 kg Kalbsschulter, küchenfertig
Salz
Pfeffer
Pflanzenöl
2 Handvoll Röstgemüse (Sellerie, Karotte, Zwiebel, Lauch)
2 EL Tomatenmark
1 l trockener Rotwein
2 EL Balsamicoessig
1 l Geflügelfond
Zucker
30 g kalte Butter

Frühlingsgemüse
2 Karotten
4 Frühlingszwiebeln
100 g Zuckerschoten
Salz
1 Zucchini
Olivenöl
3 EL Geflügelfond
30 g kalte Butter
Zucker
1 TL gehackte Petersilie

Kartoffelpüree
300 g mehligkochende Kartoffeln
50 g Butter
Salz
Muskatnuss, frisch gerieben
1 g Safran
100 ml heiße Milch
3 EL Schlagsahne

Den Backofen auf 160 °C vorheizen. Die Kalbsschulter salzen und pfeffern. Etwas Öl in einem ofenfesten Topf erhitzen und das Fleisch darin rundum scharf anbraten; herausnehmen. Das Röstgemüse im heißen Öl anbraten, das Tomatenmark einrühren und mit Wein und Essig ablöschen. Das Fleisch hineinlegen, den Fond angießen und aufkochen lassen. In den Ofen schieben und etwa 2 Stunden schmoren lassen. Die Sauce vor dem Servieren mit Zucker abschmecken. Die kalte Butter unterschlagen, die Sauce nicht mehr kochen lassen.
Die Karotten schälen und in kleine Kegel oder Scheiben schneiden. Die äußere Schicht von den Frühlingszwiebeln abziehen. Den unteren, weißen Teil der Zwiebeln in 4 cm lange Stücke schneiden. Von jeder Zuckerschote beide Enden abschneiden und den Faden abziehen. In einem Topf Wasser aufkochen, salzen, und die Karotten, Frühlingszwiebeln und Zuckerschoten darin nacheinander in etwa 1 Minute bissfest blanchieren; sofort in Eiswasser abschrecken.
Die Zucchini vierteln und vom weichen Inneren befreien. Die Viertel in Dreiecke schneiden. Etwas Olivenöl in einer Pfanne erhitzen und die Zucchini bei hoher Temperatur darin schwenken. Erst die Karotten, dann den Fond, die Frühlingszwiebeln und die Zuckerschoten zugeben und einmal aufkochen lassen. Die kalte Butter einrühren, sodass die Sauce etwas bindet, und mit Salz, Zucker und der Petersilie abschmecken.
Die Kartoffeln schälen, klein schneiden und in Wasser weich garen. Abgießen und direkt durch eine Kartoffelpresse drücken. Die Butter einrühren und das Püree würzen. Den Safran in 1 EL Wasser auflösen und mit der Milch vermischen. Unter das Püree rühren und dieses durch ein feines Sieb streichen, warm halten. Kurz vor dem Servieren die Sahne unterziehen.
Das Fleisch in Scheiben schneiden, mit dem Gemüse auf Tellern anrichten und mit der Sauce überziehen. Das Püree separat dazu reichen.

Tipp: Safran ist wasserlöslich und sollte am besten in Wasser aufgelöst werden und nicht direkt in der Milch. So entfaltet sich sein Geschmack besser und das Gericht bekommt eine schönere Farbe.

Kalbspaillard, Grenaille-Kartoffeln, Ofengemüse, Oliven, Pesto

Kalbspaillard ist ein schnell zubereitetes Gericht, bei dem man bei der Zubereitung sehr vorsichtig sein muss: Das Fleisch ist sehr dünn, daher sollte man es kurz und stark anbraten, damit es in der Mitte leicht rosa bleibt. Ich verwende am liebsten Kalbsfilet oder -rücken.

Für 4 Personen

400 g Grenaille-Kartoffeln (s. S. 214)
1 Zucchini
2 rote Paprikaschoten
2 Zweige Thymian
2 Zweige Rosmarin
100 ml Olivenöl
Salz
Pfeffer
1 rote Zwiebel
100 g schwarze Oliven

Basilikumpesto
1 Bund Basilikum
1 EL Pinienkerne, geröstet
2 EL frisch geriebener Parmesan
125 ml Olivenöl
Salz
Pfeffer

Kalbspaillard
8 Scheiben Kalbsrücken (à 90 g)
Sonnenblumenöl
Fleur de sel
Pfeffer

Den Backofen auf 220 °C vorheizen.
Die Kartoffeln und das Gemüse gründlich waschen. Die Kräuter hacken. Die Kartoffeln halbieren, mit etwas Olivenöl, der Hälfte der Kräuter, Salz und Pfeffer würzen und im Ofen etwa 15 Minuten garen.
Die Zucchini der Länge nach vierteln, von den Kernen und dem weichen Inneren befreien und in Dreiecke schneiden. Die Paprika von Stiel und Kerngehäuse befreien und in Dreiecke schneiden. Die Zwiebel abziehen, halbieren und in 2 cm dicke Scheiben schneiden.
Das Gemüse ebenfalls mit Olivenöl, den restlichen Kräutern, Salz und Pfeffer würzen, zu den Kartoffeln geben und alles gemeinsam weitere 15 Minuten im Ofen garen, bis alles eine schöne Farbe hat und gar ist. Zum Schluss die Oliven zugeben.
Während das Gemüse gart, vom Basilikum die dicken, harten Stiele entfernen. Die Pinienkerne mit Basilikum, Parmesan und Öl pürieren und das Pesto mit Salz und Pfeffer abschmecken. Wenn nötig, mehr Olivenöl dazugeben.
Die Kalbsscheiben mit einem Plattiereisen etwas flach klopfen, sodass sie einheitlich 5 mm dick sind. Eine Pfanne mit etwas Sonnenblumenöl erhitzen und die Kalbsscheiben darin scharf von beiden Seiten jeweils 30 Sekunden anbraten. Das Fleisch herausnehmen und mit Fleur de sel und frisch gemahlenem Pfeffer würzen. Das Kartoffel-Gemüse mit dem Kalbspaillard und etwas Pesto darauf anrichten.

Lammkoteletts gebraten, Kichererbsensalat, Gewürzjoghurt

Lamm ist in meiner Küche einfach unverzichtbar. Ich bin mit Lammgerichten aufgewachsen und möchte das gerne auch weitergeben. Deswegen servieren wir unseren Gästen im Pageou Lamm immer wieder in kreativen und speziellen Variationen. Die Kombination mit Kichererbsen stammt aus meiner Kindheit.

Für 4 Personen

Kichererbsensalat
2 rote Paprikaschoten
2 gelbe Paprikaschoten
2 Schalotten
1 Knoblauchzehe
1 Dose Kichererbsen (200 g)
50 ml weißer Balsamicoessig
1 EL gemahlener Kreuzkümmel
1 TL Anapurna-Currypulver (s. S. 110)
80 ml Gemüsefond
Salz
Pfeffer

Gewürzjoghurt
150 g türkischer Joghurt
2 EL Olivenöl
1 EL Ducca (s. S. 110)
1 Msp. Baharat (s. S. 110)
1 Prise Salz
abgeriebene Schale und Saft von ½ Bio-Zitrone

2 EL Sonnenblumenöl
4 Lammkoteletts (à 140 g; küchenfertig)
einige Minzeblättchen

Die Paprikaschoten waschen, von den Kerngehäusen befreien und mit der Hautseite nach oben auf ein Backblech legen. Den Backofengrill anschalten und die Paprika darunter etwa 7 Minuten rösten, bis die Haut schwarze Blasen bekommt. Für 10 Minuten in eine Frischhaltedose geben und danach enthäuten. Schalotten und Knoblauch abziehen und fein hacken.
Die Kichererbsen grob hacken, mit allen anderen Zutaten und Gewürzen für den Salat vermischen und diesen mit Salz und Pfeffer abschmecken.

Sämtliche Zutaten für den Gewürzjoghurt vermischen. Den Backofen auf 160 °C vorheizen. Das Sonnenblumenöl in einer Pfanne erhitzen, die Lammkoteletts darin scharf anbraten, dann auf einem Grillrost in 5 Minuten im Ofen fertig garen. Das Lamm mit Salat und Gewürzjoghurt anrichten Mit Minze garnieren.

Bio-Hähnchen auf der Haut gebraten, Auberginenhummus, grüner Spargel, Ras-el-Hanout-Jus

Das Aroma der Auberginen im Hummus verbindet sich sehr gut mit dem Geschmack der Gewürzmischung Ras el-Hanout in der Sauce. Das gebratene Hähnchen sorgt für einen runden Abschluss. Seine krosse Haut steht in spannendem Kontrast zum cremigen Hummus.

Für 4 Personen

Auberginenhummus
4 Auberginen
Salz
80 ml Olivenöl
50 g Tahin (Sesammus)
1 Prise Kreuzkümmel, frisch gemahlen
Saft von ½ Zitrone
1 Dose Kichererbsen (200 g)
½ Bund Petersilie, fein gehackt

Bio-Hähnchen
4 Bio-Hähnchenkeulen, ausgelöst
Salz
30 g Butter

Spargel
1 Bund grüner Spargel
Salz
Zucker

Ras-el-Hanout-Jus
250 ml Geflügeljus (s. S. 213, Grundrezepte)
½ TL Ras el-Hanout (s. S. 111)

Die Auberginen der Länge nach halbieren. Das Fruchtfleisch mit einem Messer einritzen, etwas salzen und 20 Minuten ziehen lassen. Den Backofen auf 180 °C vorheizen.
Die Auberginen mit Küchenpapier trocken tupfen. Etwas Olivenöl in einer Pfanne erhitzen und die Auberginen darin auf der Schnittfläche goldgelb anbraten. Die angebratenen Hälften mit der Schnittfläche nach unten auf ein Backblech legen und im Ofen etwa 50 Minuten garen, sie sollen richtig weich werden.
Die Auberginen aus dem Ofen nehmen, das Fruchtfleisch aus den Schalen kratzen und in einen Mixer geben. Tahin, das restliche Olivenöl, Kreuzkümmel, etwas Zitronensaft und Kichererbsen hinzufügen und alles fein pürieren. Am Ende die Petersilie unterziehen.
Den Backofen auf 160 °C schalten. Das Fleisch von beiden Seiten salzen. Die Butter bei mittlerer Temperatur in einer Pfanne erhitzen und das Hähnchen darin 4 Minuten auf der Hautseite anbraten. Dann die Keulen wenden und im Ofen in 9 Minuten fertig garen.
Das untere Drittel der Spargelstangen schälen, holzige Enden abschneiden. In einem Topf Wasser aufkochen lassen, Salz und eine Prise Zucker hinzufügen und den Spargel darin bissfest blanchieren.
Die Geflügeljus in einem Topf erhitzen und mit dem Ras el-Hanout aromatisieren.
Den Spargel längs halbieren, auf Tellern verteilen, die Keulen in Scheiben schneiden und daraufsetzen. Den Hummus in Nocken danebensetzen und alles mit der Jus beträufeln.

Rehrücken, Pfifferlinge, Sellerie, Aprikosen-Rosmarin-Püree

Ich liebe es, Wild zu kochen und zu essen, weil es einen tollen Eigengeschmack hat, außerdem wenig Cholesterin enthält und sehr bekömmlich ist. Dazu passen die intensiven Aromen von Sellerie und Rosmarin, die Aprikosen geben eine fruchtige Süße.

Für 4 Personen

Aprikosen-Rosmarin-Püree
400 g mehligkochende Kartoffeln
150 ml Milch
100 g braune Butter (s. S. 212, Grundrezepte)
Salz
Muskatnuss, frisch gerieben
1 EL gehackter Rosmarin
30 g getrocknete Aprikosen, fein gewürfelt

Sellerie und Pfifferlinge
2 Selleriestangen
Salz
2 Schalotten
1 EL Sonnenblumenöl
500 g Pfifferlinge, geputzt
30 g Butter
Pfeffer

Rehrücken
4 Stücke Rehrücken (à 130 g)
Salz
1 TL Wildgewürz
2 EL Sonnenblumenöl

Die Kartoffeln schälen, waschen, in Wasser weich garen, in ein Sieb abgießen und durch eine Kartoffelpresse zurück in den Topf drücken. Die Milch mit der braunen Butter aufkochen und dazugeben. Das Püree mit Salz und Muskatnuss abschmecken. Rosmarin und Aprikosen zugeben und das Püree bei niedriger Temperatur warm halten.

Den Sellerie mithilfe eines Sparschälers schälen und anschließend in 5 mm große Stücke schneiden. In einem Topf Wasser aufkochen, salzen und den Sellerie darin 1 Minute kochen, dann in Eiswasser abschrecken.

Den Ofen mitsamt dem Backgitter auf 160 °C vorheizen. Den Rehrücken rundum salzen und mit dem Wildgewürz bestreuen. 2 EL Sonnenblumenöl in einer beschichteten Pfanne erhitzen und das Fleisch darin rundum scharf anbraten. Dann den Rehrücken im Ofen in etwa 8–10 Minuten rosa garen; aus dem Ofen nehmen und 1 Minute ruhen lassen.

Parallel dazu die Schalotten abziehen und würfeln. Das Sonnenblumenöl in einer Pfanne erhitzen und die Pfifferlinge darin scharf anbraten, die Schalotten und die Butter zugeben. Den Sellerie hinzufügen und mit Salz und Pfeffer abschmecken.

Das Gemüse mit dem Fleisch und dem Püree auf Tellern anrichten.

Parmesan-Ricotta-Gnocchi, Salsiccia, Paprikaschaum

Für 4 Personen

Parmesan-Ricotta-Gnocchi
etwa 1 kg mehligkochende Kartoffeln
300 g Mehl
50 g braune Butter (s. S. 212, Grundrezepte)
2 EL Ricotta
50 g Parmesan, frisch gerieben, plus einige Späne zum Servieren
1 Eigelb
Salz
Muskatnuss, frisch gerieben

Paprikaschaum
3 rote Paprikaschoten
1 Zwiebel
1 Knoblauchzehe
2 EL Olivenöl
100 ml Weißwein
300 ml Geflügelfond
100 g Schlagsahne
Salz
Cayennepfeffer

300 g Salsiccia
300 g Pimientos de Padrón
2 EL Sonnenblumenöl

Den Backofen auf 190 °C vorheizen. Die Kartoffeln auf ein Backblech legen und 1 Stunde im Ofen garen, dann herausnehmen, halbieren und noch heiß auskratzen. 500 g Kartoffelfruchtfleisch abwiegen, durch eine Kartoffelpresse drücken und auskühlen lassen.
Während die Kartoffeln auskühlen, die Paprika waschen, vom Kerngehäuse befreien und in grobe Stücke schneiden. Zwiebel und Knoblauch abziehen und grob hacken.
Das Olivenöl in einem Topf erhitzen, das zerkleinerte Gemüse darin anschwitzen und mit dem Weißwein ablöschen; diesen komplett verkochen lassen. Den Fond dazugießen und die Paprika in etwa 20 Minuten richtig weich kochen. Die Sahne dazugeben und einmal aufkochen lassen. Dann den Topfinhalt mit einem Stabmixer fein pürieren, durch ein Sieb streichen und mit Salz und Cayennepfeffer abschmecken.
Die durchgepressten Kartoffeln mit allen weiteren Zutaten für die Gnocchi mischen, mit Salz und Muskatnuss würzen und zu einer Masse verkneten. Den Teig in sechs Portionen teilen und zu langen Rollen mit einem Durchmesser von etwa 2 cm formen. Sollte der Teig kleben, noch etwas Mehl zugeben. In einem Topf Wasser zum Kochen bringen und kräftig salzen.
Die Rollen mithilfe einer Teigkarte oder eines Messers in 2 cm lange Gnocchi schneiden und in dem Wasser etwa 3 Minuten köcheln lassen.
Die Salsiccia aus dem Darm drücken und in 1 cm große Stücke schneiden. Die Pimientos gut waschen und abtropfen lassen. Das Sonnenblumenöl in einer großen Pfanne erhitzen und die Salsiccia darin braten. Die Wurst aus der Pfanne nehmen und die Pimientos darin braten.
Die Gnocchi mit Salsiccia, Pimientos und Paprikaschaum anrichten, mit Parmesanspänen garniert servieren.

Lammkoteletts vom Grill, Parmesanpolenta, Oliven-Korinthen-Bohnen

Korinthen werden in Deutschland (genauso wie Rosinen und Sultaninen) nicht allzu häufig eingesetzt, vor allem für herzhafte Gerichte nicht. Sie passen aber sehr gut zu Lamm und harmonieren mit dem starken Geschmack von Bohnen und Oliven. Ihre Süße rundet dieses Gericht sehr gut ab.

Für 4 Personen

Parmesanpolenta
250 ml Milch
250 g Schlagsahne
70 g Maisgrieß (Polenta)
20 g kalte Butter
50 g Parmesan, frisch gerieben, plus einige Späne zum Servieren
Salz
Muskatnuss, frisch gerieben

Lammkoteletts
16 Lammkoteletts
Salz
4 EL Sonnenblumenöl
Pfeffer

Oliven-Korinthen-Bohnen
125 g Keniabohnen
Salz
50 g Taggiasca-Oliven (s. S. 216)
30 g getrocknete Tomaten
1 EL gehacktes Bohnenkraut
20 g Korinthen
20 g Butter

Für die Polenta die Milch mit der Sahne aufkochen. Den Maisgrieß dazugeben und bei niedriger Temperatur 15 Minuten quellen lassen. Die kalte Butter sowie den Parmesan unterrühren, mit Salz und Muskatnuss abschmecken und warm halten.
Die Koteletts von beiden Seiten salzen und mit dem Sonnenblumenöl benetzen. Auf dem Grill oder in einer heißen Grillpfanne von beiden Seiten jeweils 1½ Minuten scharf grillen, dann pfeffern. Das Fleisch auf einen Teller legen und ruhen lassen.
Währenddessen die Enden von den Bohnen abschneiden. In einem Topf Wasser aufkochen, salzen und die Bohnen darin bissfest garen. Oliven und Tomaten in kleine Stücke schneiden. Die Bohnen in ein Sieb abgießen und in den Topf zurückgeben. Die restlichen Zutaten hinzufügen, alles gut vermengen und in der Butter schwenken.
Je vier Koteletts mit Bohnen und Polenta anrichten, mit Parmesanspänen garnieren und servieren.

Kebab, Tomatengewürzsauce, Kardamomreis

Kebab ist natürlich ein Muss – aber ich persönlich esse es nicht überall, da es wichtig ist, dass wirklich gutes Hackfleisch verwendet wird. Nehmen Sie am besten Kalbshackfleisch oder eine Mischung aus Kalb (80 %), Rind (10 %) und Lamm (10 %). Rinderhackfleisch allein ist oft sehr trocken.

Für 4 Personen

Kebab
500 g Kalbshackfleisch
2 Schalotten
2 Knoblauchzehen
½ Bund Petersilie
½ Bund Koriandergrün
1 Ei
½ TL gemahlener Kreuzkümmel
½ TL gemahlener Koriander
1 Prise Salz
1 Prise Pfeffer
1 Prise Zimt
2 EL Sonnenblumenöl

Tomatengewürzsauce
1 Zwiebel
2 Knoblauchzehen
2 EL Olivenöl
1 TL Vadouvan (s. S. 111)
5 Zweige Thymian
2 Zweige Rosmarin
1 Dose gewürfelte Tomaten (800 g)
1 TL Zucker
1 Prise Salz
1 Prise Pfeffer
1 Prise Cayennepfeffer

Kardamomreis
300 g Basmatireis
Salz
6 Kardamomkapseln

Das Hackfleisch in eine Schüssel geben. Schalotten und Knoblauch abziehen, fein würfeln und dazugeben. Petersilie und Koriandergrün fein hacken – ein paar Blättchen zum Servieren beiseitelegen – und ebenfalls zum Fleisch geben. Die restlichen Zutaten bis auf das Sonnenblumenöl hinzufügen und alles gut vermengen. Die Masse zu Bällchen à 35 g formen und diesen eine leicht ovale Form geben. Das Sonnenblumenöl in einer Pfanne bei mittlerer Temperatur erhitzen und die Kebab darin braten.

Für die Sauce Zwiebel und Knoblauch abziehen und in feine Würfel schneiden. Das Olivenöl in einem Topf erhitzen und beides darin anschwitzen. Die restlichen Zutaten dazugeben. Die Sauce offen sachte köcheln lassen, bis sie auf die Hälfte eingekocht ist, dann durch ein grobes Sieb drücken.

Den Reis unter fließendem Wasser gut abbrausen. Mit 450 ml Wasser, Salz und Kardamom in einen Topf geben und bei höchster Stufe aufkochen lassen. Sobald alles kocht, den Deckel auflegen und den Reis bei niedriger Temperatur in 15 Minuten gar ziehen lassen.

Die Kebab mit der Sauce auf Tellern anrichten, mit den Kräuterblättchen garnieren und den Reis dazu reichen.

Freilandhähnchen, orientalischer Spitzkohl, Granatapfelsauce, Fladenbrot

Für 4 Personen

1 Fladenbrot
(s. S. 212, Grundrezepte)

Granatapfelsauce
500 ml Geflügeljus
(s. S. 213, Grundrezepte)
1 EL Granatapfelessig
2 EL Granatapfelkerne
50 g kalte Butter

Orientalischer Spitzkohl
¼ Kopf Spitzkohl
1 Bund Petersilie
20 g Butter
Salz
1 Prise Osmanisches Gewürz
(s. S. 111)
2 Prisen Ras el-Hanout
(s. S. 111)
1 EL Korinthen

Freilandhähnchen
4 Hähnchenbrüste mit Haut
(à 170 g) von Tieren aus
Freilandhaltung
Salz
2 EL Sonnenblumenöl
Pfeffer

Das Fladenbrot wie im Grundrezept beschrieben zubereiten.
Die Geflügeljus in einen Topf geben und auf die Hälfte einkochen lassen. Granatapfelessig und Granatapfelkerne zu der reduzierten Jus geben, warm halten. Kurz vor dem Servieren die kalte Butter in die heiße Jus rühren, die Sauce sollte jetzt nicht mehr kochen.
Den Backofen auf 170 °C vorheizen. Die Hähnchenbrüste von beiden Seiten salzen. Das Sonnenblumenöl in einer beschichteten Pfanne erhitzen und die Brüste mit der Hautseite nach unten etwa 3 Minuten bei mittlerer Hitze anbraten. Die Haut sollte sich goldgelb färben und anfangen, knusprig zu werden. Die Brüste wenden und im Ofen in 8–12 Minuten fertig garen. Das Fleisch aus dem Ofen nehmen, pfeffern und ein paar Minuten ruhen lassen.
Während das Fleisch gart und ruht, den Spitzkohl fein hobeln, die Petersilienblättchen fein hacken. Die Butter in einem Topf erhitzen. Den Spitzkohl darin anschwitzen, etwas salzen und mit den Gewürzen versehen. Das Kraut dünsten, sodass es etwas zusammenfällt, es sollte nicht verkochen und ein wenig Biss behalten. Kurz vor Ende der Garzeit Petersilie und Korinthen untermengen.
Den Spitzkohl auf vier Tellern verteilen, je eine Hähnchenbrust daraufsetzen und die Sauce drumherum träufeln. Mit Fladenbrot servieren.

Saltimbocca vom Kalb, Zitronen-Parmesan-Risotto, Strauchtomaten

Für 4 Personen

Zitronen-Parmesan-Risotto
1 Schalotte
1 Knoblauchzehe
Olivenöl
1 Zweig Rosmarin
1 Zweig Thymian
150 g Risottoreis
100 ml trockener Weißwein
500 ml heißer Geflügelfond
abgeriebene Schale von 2 Bio-Zitronen
50 g kalte Butter
50 g Parmesan, frisch gerieben
Salz
Pfeffer

Saltimbocca vom Kalb
8 Scheiben Kalbsrücken (à 80 g)
Salz
Pfeffer
8 Salbeiblätter
8 Scheiben Parmaschinken
1 EL Sonnenblumenöl

Strauchtomaten
8 Strauchtomaten
Salz
2 Zweige Thymian
2 Zweige Rosmarin
1 Knoblauchzehe
100 ml Olivenöl
Zucker
Pfeffer

Schalotte und Knoblauch abziehen. Die Schalotte fein würfeln, den Knoblauch zerdrücken. Etwas Olivenöl in einem Topf erhitzen und beides mit Rosmarin und Thymian darin anschwitzen.
Den Reis dazugeben und mitschwitzen. Mit dem Wein ablöschen und diesen verkochen lassen. Nach und nach den Fond dazugießen, dabei mit einem Holzlöffel rühren. Der Reis muss insgesamt etwa 20 Minuten köcheln. Kurz vor Ende der Garzeit die Zitronenschale hinzufügen und die Kräuterzweige entfernen. Zum Schluss die Butter unterrühren und den Parmesan unterheben. Den Risotto mit Salz und Pfeffer abschmecken.
Den Kalbsrücken mithilfe eines Plattiereisens auf 5 mm flach klopfen. Die Scheiben salzen und pfeffern, mit je einem Salbeiblatt versehen und je eine Scheibe Parmaschinken darauflegen und leicht andrücken.
Den Backofen auf 90 °C vorheizen.
Die Tomaten kreuzförmig auf der Unterseite einritzen. In einem Topf Wasser aufkochen, salzen und die Tomaten 10 Sekunden darin blanchieren, bis sich die Haut leicht löst; im kalten Wasser abschrecken und die Haut abziehen. Die Tomaten vierteln, das weiche Innere samt Samen entfernen und die Viertel auf ein Backblech legen. Die Kräuterblättchen abstreifen, den Knoblauch abziehen und fein würfeln. Die Tomaten damit bestreuen, mit dem Olivenöl beträufeln, mit Salz, Zucker und Pfeffer würzen und 1 Stunde im Ofen trocknen lassen.
Das Sonnenblumenöl in einer beschichteten Pfanne erhitzen. Die Kalbsscheiben darin auf der Schinkenseite scharf anbraten, nach 1½ Minuten wenden und auf der anderen Seite fertig braten.
Die Kalbsscheiben auf dem Risotto anrichten, die Tomaten dazu reichen.

Orientalische Lammfrikadellen, Linsensalat, Apfel

Lammfrikadellen, auch Köfte genannt, sind bei uns bei jedem Familienessen dabei. Die besten macht natürlich Mama – die sind wirklich zum Reinlegen. Sie verwendet dafür nur Lammhackfleisch, Zwiebeln, Petersilie, Salz, Pfeffer und Chilipulver. Meine Köfte sind ihren daher recht ähnlich!

Für 4 Personen

Linsensalat
200 g Belugalinsen
1 Zwiebel
1 EL Olivenöl
400 ml Geflügelfond
4 EL Balsamicoessig
4 EL mildes Olivenöl
Salz
Pfeffer
Cayennepfeffer
2 Äpfel (Braeburn)
1 Bund Schnittlauch

Lammfrikadellen
600 g Lammhackfleisch
2 Schalotten
2 Knoblauchzehen
½ Bund Petersilie
1 Ei
½ TL gemahlener Kreuzkümmel
Cayennepfeffer
½ TL gemahlener Koriander
1 Prise Salz
1 Prise Pfeffer
2 EL Sonnenblumenöl
einige Minzeblättchen zum Garnieren

Die Linsen für 2 Stunden in kaltem Wasser einweichen. Die Zwiebel abziehen und fein würfeln. Das Olivenöl in einem Topf erhitzen und die Zwiebel darin anschwitzen. Die Linsen in ein Sieb abgießen und dazugeben. Den Geflügelfond dazugießen und die Linsen in etwa 20 Minuten weich kochen. Die Belugalinsen in ein Sieb abgießen, in eine Schüssel geben und noch warm mit Essig und Olivenöl marinieren. Mit Salz, Pfeffer und Cayennepfeffer abschmecken; abkühlen lassen. Die Äpfel schälen und in 5 mm große Würfel schneiden, den Schnittlauch in feine Röllchen schneiden und beides dazugeben.

Das Hackfleisch in eine große Schüssel geben. Schalotten und Knoblauch abziehen, fein würfeln und dazugeben. Die Petersilie fein hacken und mit den restlichen Zutaten bis auf das Sonnenblumenöl hinzufügen.
Die Zutaten gut verkneten und zu Frikadellen von etwa 6 cm Durchmesser und 3 cm Höhe formen. Das Öl in einer beschichteten Pfanne erhitzen und die Frikadellen darin langsam von beiden Seiten braten.
Die durchgebratenen Frikadellen mit dem Linsensalat auf Tellern anrichten und mit Minze garnieren.

Geschmortes US-Beef, Rote Bete, Dattel-Balsamico-Püree, Gewürzspitzkohl

Für 4 Personen

US-Beef
1,2 kg flache Schulter vom Rind
Salz
Pfeffer
Pflanzenöl
2 Handvoll Röstgemüse (Sellerie, Karotte, Zwiebel, Lauch), grob zerkleinert
2 EL Tomatenmark
1 l trockener Rotwein
1 l Geflügelfond
2 EL Balsamicoessig
50 g kalte Butter

Rote Bete
500 g Rote Bete
30 g Butter
Salz
Zucker
1 EL Himbeeressig
500 ml Geflügelfond
½ TL Speisestärke
20 g kalte Butter

Dattel-Balsamico-Püree
200 g getrocknete Datteln
2 EL Balsamicoessig
200 ml Geflügelfond

Gewürzspitzkohl
½ Spitzkohl
1 EL Butter
Salz
½ TL Ras el-Hanout (s. S. 111)
1 EL Korinthen, in 2 EL Apfelsaft eingelegt
1 Bund Petersilie
Cayennepfeffer

Den Backofen auf 160 °C vorheizen. Das Rindfleisch salzen und pfeffern. Etwas Öl in einem ofenfesten Topf erhitzen und das Fleisch darin rundum scharf anbraten; herausnehmen. Das Gemüse im heißen Öl anrösten, das Tomatenmark einrühren und mit dem Wein ablöschen. Das Fleisch wieder dazugeben, mit dem Fond auffüllen und aufkochen lassen, dann im Ofen etwa 3 Stunden schmoren lassen. Vor dem Servieren den Balsamico und die Butter unterrühren.

Währenddessen die Rote Bete schälen und in 5 mm große Würfel schneiden. Die Butter in einem Topf erhitzen und das Gemüse darin anschwitzen. Mit Salz und Zucker würzen und mit dem Himbeeressig ablöschen. Den Fond dazugießen und die Rote Bete weich kochen. Am Ende der Garzeit sollten etwa 100 ml Flüssigkeit im Topf verblieben sein. Die Stärke mit etwas Wasser anrühren und die Rote Bete damit leicht abbinden. Zum Schluss die kalte Butter einrühren.

Die Datteln entsteinen und etwas klein schneiden. Den Essig in einem kleinen Topf etwas einkochen lassen. Die Datteln zugeben, mit dem Fond bedecken und zugedeckt 10 Minuten sachte köcheln lassen. Im Mixer zu einem Püree zerkleinern.

Vom Spitzkohl den Strunk entfernen und den Kohl in 1 cm große Rauten schneiden. Die Butter in einem großen flachen Topf erhitzen. Den Kohl darin langsam anbraten und mit Salz und Ras el-Hanout würzen. Die Korinthen zugeben und das Kraut noch etwa 2 Minuten braten, bis es etwas zusammenfällt. Die Temperatur darf nicht zu hoch sein, sonst verbrennen die Blätter. Die Petersilie fein hacken und zugeben. Den Kohl mit Salz und Cayennepfeffer abschmecken.

Das Fleisch mit der Roten Bete und dem Spitzkohl auf Tellern anrichten und das Püree dazu reichen.

Kalbsleber, Kartoffel-Feigen-Püree, Salbeispinat

Für 4 Personen

Kartoffel-Feigen-Püree
300 g mehligkochende Kartoffeln
50 g Butter
Salz
Muskatnuss, frisch gerieben
100 ml heiße Milch
3 frische Feigen
3 EL Schlagsahne

Kalbsleber
8 Scheiben Kalbsleber (à 80 g)
Salz
Pfeffer
2 EL Mehl
1 Schalotte
2 EL Sonnenblumenöl
50 ml Sherry
100 ml Madeira
20 g kalte Butter
1 TL gehackte Petersilie

Salbeispinat
350 g Babyspinat
1 Schalotte
30 g braune Butter (s. S. 212, Grundrezepte)
1 EL in Streifen geschnittener Salbei
Salz
Muskatnuss, frisch gerieben

Für das Püree die Kartoffeln schälen, klein schneiden, in Wasser weich garen, abgießen und direkt durch eine Kartoffelpresse drücken. Die Kartoffeln mit der Butter verrühren und würzen. Die heiße Milch unterrühren und das Püree durch ein feines Sieb streichen, warm halten. Die Feigen in 5 mm große Würfel schneiden und kurz vor dem Servieren mit der Sahne unterziehen.

Die Leberscheiben von beiden Seiten salzen und pfeffern und im Mehl wenden. Überschüssiges Mehl gut abklopfen. Die Schalotte abziehen und fein würfeln. Das Sonnenblumenöl in einer beschichteten Pfanne erhitzen und die Lebern darin langsam und nicht zu heiß von beiden Seiten goldgelb braten.

Das Fleisch aus der Pfanne nehmen und die Schalotte darin anschwitzen. Mit Sherry und Madeira ablöschen und beides etwas einkochen lassen. Die Lebern wieder hineinlegen und gar ziehen lassen. Die kalte Butter einrühren und die Petersilie zugeben.

Den Spinat waschen und trocken schleudern. Die Schalotte abziehen und fein würfeln. Die braune Butter in einem Topf erhitzen und die Schalotte darin glasig anschwitzen. Den Spinat sowie den geschnittenen Salbei zugeben und garen, bis der Spinat etwas zusammengefallen ist. Es dürfen ruhig noch ein paar Blätter dabei sein, die noch nicht komplett zusammengefallen sind. Mit Salz und Muskatnuss würzen.

Die Lebern mit dem Spinat anrichten, das Püree dazu reichen.

Rosa Rehfilet, Bittersalate, Birne, gebackene Schwarzwurzeln

Ich paniere und backe die Schwarzwurzeln, damit das Gericht durch die verschiedenen Texturen besonders spannend wird. Nach dem Schälen lege ich die Schwarzwurzeln in eine Mischung aus Wasser und Milch, damit sie weiß bleiben.

Für 4 Personen

Bittersalate
½ Radicchio
1 Chicorée
1 Bund Rucola
100 ml Balsamico-Vinaigrette (s. S. 212, Grundrezepte)
1 Birne

Schwarzwurzeln
4 Schwarzwurzeln
Salz
Pfeffer
50 g Mehl
300 g Panko (jap. Paniermehl)
2 Eier
500 ml Sonnenblumenöl

Rehfilet
8 Stücke Rehfilet (à 70 g)
1 EL Wildgewürz
Salz
2 EL Sonnenblumenöl
2 EL Butter
2 Zweige Rosmarin

Die Salate gut waschen. Den Radicchio und den Chicorée vom Strunk befreien, in 3 cm große Stücke schneiden und für 10 Minuten in warmes Wasser legen; aus dem Wasser nehmen, trocken schleudern und kalt stellen.
Die Schwarzwurzeln schälen. Dabei am besten mit Einweghandschuhen arbeiten, da sie eine klebrige Flüssigkeit absondern, die die Hände verfärbt. Wasser in einem Topf aufkochen, salzen und die Schwarzwurzeln darin bissfest blanchieren. Abgießen und auskühlen lassen. Die Wurzeln in 5 cm lange Stücke schneiden, salzen und pfeffern. Mehl und Panko in je eine Schale geben, die Eier in einem tiefen Teller verquirlen. Die Schwarzwurzeln im Mehl wenden, durch das Ei ziehen und anschließend mit dem Panko panieren. Das Sonnenblumenöl auf 180 °C erhitzen und die Wurzeln darin knusprig ausbacken.

Die Rehfilets mit dem Wildgewürz und Salz würzen. Das Sonnenblumenöl in einer beschichteten Pfanne stark erhitzen und die Rehfilets darin jeweils 1 Minute auf beiden Seiten scharf anbraten.
Butter und Rosmarin zugeben und die Filets damit und mit dem Bratfond übergießen. Das Fleisch aus der Pfanne nehmen und 1 Minute ruhen lassen.
Währenddessen die Salate auf Tellern anrichten und mit der Balsamico-Vinaigrette beträufeln. Die Birne waschen, vierteln, vom Kerngehäuse befreien, in feine Scheiben schneiden und dekorativ auf den Salaten verteilen. Die Schwarzwurzeln daraufgeben und die in dicke Scheiben geschnittenen Rehfilets darauf anrichten.

Rehrücken rosa gebraten, Maronen-Sellerie-Püree, Gewürzspitzkohl

Für 4 Personen

Maronen-Sellerie-Püree
½ Knollensellerie
125 g gegarte, geschälte Maronen
Salz
500 ml Milch
50 g kalte Butter
Muskatnuss, frisch gerieben

Gewürzspitzkohl
½ Spitzkohl
30 g Butter
Salz
½ TL Ras el-Hanout (s. S. 111)
1 EL Korinthen, in 2 EL Apfelsaft eingelegt
1 Bund Petersilie
Cayennepfeffer

Rehrücken
720 g Rehrücken ohne Knochen, küchenfertig
Salz
2 EL Sonnenblumenöl
200 ml Rehjus (s. S. 213, Grundrezepte)
1 TL Speisestärke
50 g Butter
2 Zweige Rosmarin
2 Zweige Thymian

Den Sellerie schälen, in 2 cm große Stücke schneiden und in einen hohen Topf geben. Die Maronen hinzufügen und etwas salzen. Die Milch dazugießen, den Deckel auflegen und alles etwa 30 Minuten köcheln lassen, dabei gelegentlich umrühren, damit die Milch nicht am Boden ansetzt.
Nach Belieben eine Handvoll Maronen herausfischen und für die Garnitur beiseitestellen. Den Sellerie, wenn er richtig weich ist, mitsamt den Maronen in ein Sieb abgießen und gut abtropfen lassen, die Milch auffangen. Sellerie und Maronen im Mixer fein zerkleinern, falls nötig etwas von der Milch zugeben, jedoch nicht zu viel, sonst wird das Püree zu flüssig. Die kalte Butter unterrühren und das Püree mit Salz und Muskatnuss abschmecken.
Den Spitzkohl vom Strunk befreien und die Blätter in 1 cm große Rauten schneiden. Die Butter in einem großen, flachen Topf erwärmen und den Kohl darin sachte anbraten. Mit Salz und Ras el-Hanout würzen. Die Korinthen zugeben und das Kraut noch etwa 2 Minuten schmoren, bis es etwas zusammenfällt. Die Temperatur darf nicht zu hoch sein, sonst verbrennen die Blätter. Die Petersilie fein hacken und zugeben. Den Spitzkohl mit Salz und Cayennepfeffer nochmals abschmecken.
Den Backofen auf 120 °C vorheizen. Den Rehrücken in Medaillons von etwa 90 g schneiden und rundum salzen. Das Sonnenblumenöl in einer Pfanne erhitzen. Die Medaillons darin scharf anbraten, dann im vorgeheizten Ofen in 10–12 Minuten rosa garen. Sie sollten im Kern 57 °C warm sein.
Inzwischen die Rehjus in einem Topf erhitzen und mit Salz abschmecken. Die Speisestärke mit 1 EL Wasser anrühren und die Jus damit abbinden, bis sie eine schöne Konsistenz hat. Das Fleisch aus dem Ofen nehmen. Die Butter mit den Kräuterzweigen in einer Pfanne erhitzen und das Fleisch darin nochmals kurz braten.
Zum Servieren den Spitzkohl und die beiseitegestellten Maronen auf Tellern verteilen, die Medaillons darauf anrichten und die Jus drumherum träufeln. Das Püree in Nocken dazu setzen.

Lammschulter geschmort, Kardamom-Gremolata, Gemüsebulgur

Für 4 Personen

Lammschulter
400 g Gemüse (Staudensellerie, Knollensellerie, Fenchel)
1 Zwiebel
2 Tomaten
2 Knoblauchzehen
2 Lorbeerblätter
2–3 Zweige Bohnenkraut
1 Lammschulter (etwa 1,5 kg)
Salz
Pfeffer
800 ml Geflügelfond
3–4 EL Olivenöl

Gemüsebulgur
1 grüne Zucchini
1 rote Paprika
1 rote Zwiebel
3 EL Olivenöl
200 g Bulgur
1 TL Ras el-Hanout (s. S. 111)
1 TL Salz
300 ml Geflügelfond
½ Bund Koriandergrün
1 Bund Petersilie

Gremolata
100 g Butter
1 Bund Petersilie
1 Prise gemahlener Kardamom
1 Prise Osmanisches Gewürz (s. S. 111)
abgeriebene Schale von 1 Bio-Zitrone

Den Backofen auf 140 °C vorheizen. Das Gemüse putzen, die Zwiebel abziehen und alles klein schneiden. Die Tomaten waschen und vierteln. Gemüse, Zwiebel, Tomaten, ungeschälten Knoblauch und Kräuter in einem Bräter verteilen. Das Fleisch salzen, pfeffern und darauflegen. Den Fond angießen und alles mit dem Olivenöl beträufeln. Das Fleisch im Ofen ohne Deckel 2–2½ Stunden schmoren lassen, dabei immer wieder mit dem Fond übergießen.

Für den Gemüsebulgur die Zucchini vierteln und das weiche Innere entfernen. Die Paprika halbieren und das Kerngehäuse herausschneiden, die Zwiebel abziehen. Alles in etwa 5 mm große Würfel schneiden.

Das Olivenöl in einem Topf erhitzen und das Gemüse darin sachte anbraten. Bulgur und Gewürze hinzufügen und alles kurz anschwitzen. Den Geflügelfond dazugießen und einmal aufkochen lassen, dann den Deckel auflegen und den Topf vom Herd ziehen. Nach 10 Minuten einmal vorsichtig umrühren und den Topf wieder verschließen. Den Bulgur weitere 10 Minuten quellen lassen. Das Koriandergrün und die Petersilie fein hacken und vor dem Servieren sachte unter den Bulgur rühren.

Für die Gremolata die Butter in einem kleinen Topf zerlassen. Die Petersilie fein hacken, mit allen weiteren Zutaten hinzufügen und gut verrühren. Die Gremolata ein paar Minuten ziehen lassen und über dem geschmorten Lamm verteilen.

Das Lamm mit Gemüse servieren, den Bulgur dazu reichen.

Hausgemachte Bandnudeln, Wildfleischsugo

Für 4 Personen

Wildfleischsugo
4 Kaninchenkeulen (à 250 g)
Salz
2 EL Sonnenblumenöl
2 Zwiebeln
3 Knoblauchzehen
50 ml Olivenöl
1 Dose gehackte Tomaten (800 g)
2 Zweige Thymian
2 Zweige Rosmarin
Pfeffer
Cayennepfeffer
1 TL gehackter Thymian, nach Belieben

Bandnudeln
400 g Nudelteig (s. S. 213, Grundrezepte)
Salz
Olivenöl

einige Basilikumblättchen zum Garnieren, nach Belieben

Das Fleisch salzen. Das Sonnenblumenöl in einem Topf erhitzen, die Keulen darin rundum anbraten und wieder aus dem Topf nehmen. Den Backofen auf 140 °C vorheizen. Zwiebeln und Knoblauch abziehen und fein würfeln. Beides mit dem Olivenöl in den Topf geben, in dem das Kaninchen angebraten wurde, und glasig anschwitzen. Tomaten, Kräuterzweige und Keulen hinzufügen. Sie sollten mit Sauce bedeckt sein, damit sie nicht austrocknen. Den Deckel auflegen und das Fleisch im Ofen 1½ Stunden schmoren lassen.
Keulen und Kräuter aus der Sauce nehmen und diese offen auf dem Herd etwas einkochen lassen. Währenddessen das Fleisch von den Knochen zupfen, etwas klein schneiden und wieder zur Tomatensauce geben. Den Wildfleischsugo mit Salz, Pfeffer, Cayennepfeffer und nach Belieben etwas gehacktem Thymian verfeinern.
Den Nudelteig mithilfe einer Nudelmaschine 2 mm dick ausrollen. In einem großen Topf Wasser aufkochen und salzen. Die Teigplatten mit einem Bandnudelaufsatz in Streifen schneiden, im Salzwasser al dente kochen, in ein Sieb abgießen, zurück in den Topf geben, mit etwas Olivenöl verfeinern und mit dem Wildfleischsugo servieren.
Nach Belieben zusätzlich mit Basilikum garnieren.

Tipp: Anstelle von Wildfleisch passt auch ein klassisches Kalbsragout wunderbar zu den selbst gemachten Bandnudeln.

Perlhuhnbrust gebraten, Fregola Sarda, Pak Choi, Brokkoli

Fregola Sarda – das sind geröstete Grießnudeln – haben ein leicht rauchiges Aroma, das man gut herausschmecken kann, wenn man die Nudeln wie ein Risotto zubereitet.

Für 4 Personen

Fregola Sarda
1 Zwiebel
1 Knoblauchzehe
1 EL Olivenöl
200 g Fregola Sarda (s. S. 214)
Salz
1 Msp. Baharat (s. S. 110)
400 ml Geflügelfond
50 g Parmesan, frisch gerieben
80 g kalte Butter
Pfeffer
Cayennepfeffer
40 g Pinienkerne, geröstet

Perlhuhnbrust
4 Perlhuhnbrüste mit Haut und Knochen
Salz

Pak Choi und Brokkoli
½ Brokkoli
Salz
4 Pak Choi
30 g kalte Butter
Zucker

Für die Fregola Sarda Zwiebel und Knoblauch abziehen und fein würfeln. Das Olivenöl in einem Topf erhitzen und beides darin anschwitzen. Die Fregola Sarda zugeben und glasig werden lassen, mit Salz und Baharat würzen und mit dem Geflügelfond auffüllen. Die Pasta zugedeckt 12 Minuten bei schwacher Hitze garen, sie sollte noch etwas Biss haben, aber nicht zu fest sein, ähnlich einem Risotto. Falls nötig, noch ein wenig Fond zugeben.
Parallel dazu die Perlhuhnbrüste von Sehnen befreien und rundum salzen. Eine beschichtete Pfanne bei mittlerer Temperatur erhitzen und das Fleisch auf der Hautseite 3 Minuten braten. Die Brüste wenden und 1 weitere Minute braten. Je nach Dicke müssen sie im Ofen in 8–10 Minuten bei 160 °C fertig gegart werden.
Den Brokkoli in kleine Röschen schneiden. In einem Topf Wasser aufkochen lassen, salzen und den Brokkoli darin bissfest garen. Den Pak Choi nur einige Sekunden im Salzwasser blanchieren, er ist sehr fein und schnell gar. Brokkoli und Pak Choi abgießen, zurück in den Topf geben und in der Butter schwenken. Mit Salz und etwas Zucker abschmecken.
Die Fregola Sarda mit dem geriebenen Parmesan und der kalten Butter verfeinern und mit Salz, Pfeffer und etwas Cayennepfeffer abschmecken. Die Pinienkerne dazugeben und die Pasta auf Tellern verteilen. Die Perlhuhnbrüste in dicke Scheiben schneiden und mittig daraufsetzen. Das Gemüse um das Fleisch herum verteilen.

Entenbrust rosa gebraten, rote Zwiebeln, Korinthen, Selleriepüree

Für 4 Personen

Entenbrust
4 Entenbrüste
Sonnenblumenöl

Selleriepüree
½ Sellerieknolle
500 ml Milch
Salz
80 g kalte Butter
Muskatnuss, frisch gerieben

Zwiebeln
2 rote Zwiebeln
1 EL Butter
Salz
1 Msp. gemahlener Zimt
200 ml Rotwein
2 EL Korinthen
Pfeffer
½ Bund Koriandergrün

einige Petersilienblättchen zum Garnieren

Die Entenbrüste von den Sehnen befreien. Die Haut rautenförmig einritzen, damit das Fett später leichter herausbrät. In einer Pfanne etwas Öl nicht zu stark erhitzen und die Entenbrüste mit der Haut nach unten einlegen. Die Pfanne darf nicht zu heiß sein, damit das Fett schön ausbrät. Das Fleisch 1 Minute auf der Hautseite braten, dann die Temperatur erhöhen, das Fleisch wenden und auf der anderen Seite 30 Sekunden scharf anbraten. Die Entenbrüste aus der Pfanne nehmen.

Den Sellerie schälen, in 2 cm große Stücke schneiden und mit der Milch in einen hohen Topf geben. Etwas Salz hinzufügen, den Deckel auflegen und den Sellerie in etwa 40 Minuten richtig weich kochen. Ab und zu umrühren, damit nichts anbrennt. Den Sellerie in ein Sieb abgießen, die Milch auffangen. Das Gemüse in einen Mixbecher geben und mit der Butter fein pürieren. Bei Bedarf etwas von der Milch zugeben, allerdings so wenig wie möglich, sonst wird das Püree zu flüssig. Das Püree mit Salz und etwas Muskatnuss abschmecken und warm halten.

Den Backofen auf 180 °C vorheizen. Die Zwiebeln abziehen, halbieren und in Streifen schneiden. Die Butter in einem Topf zerlassen. Die Zwiebeln hinzufügen, mit etwas Salz und dem Zimt würzen und anschwitzen; mit dem Rotwein nach und nach ablöschen, dabei auch die Korinthen zugeben. Die Zwiebeln schön weich schmoren, dann etwas pfeffern.

Die Ente auf einem Grillrost im Ofen 8–10 Minuten garen. Aus dem Ofen nehmen und 2 Minuten ruhen lassen.

Während das Fleisch gart, das Koriandergrün in feine Streifen schneiden und unter die Zwiebeln heben. Je zwei oder drei Nocken Selleriepüree auf vier Tellern anrichten. Die Zwiebeln mittig auf die Teller geben und die Entenbrüste, in Scheiben geschnitten, darauf platzieren. Mit Petersilie garnieren.

Bio-Hähnchen, Rotweinfond, Kürbispüree

Für 4 Personen

Hähnchen
1 Knoblauchzehe
4 Bio-Hähnchenbrustfilets
500 ml Rotwein
2 Zweige Thymian
2 Zweige Rosmarin
2 Lorbeerblätter
1 TL Koriandersamen
1 TL schwarze Pfefferkörner
1 EL Butter
Salz
Pfeffer

Kürbispüree
1 Zwiebel
½ Hokkaidokürbis
80 g kalte Butter
Salz
100 ml Weißwein
300 ml Geflügelfond
1 Bio-Orange
1 Scheibe Ingwer

Den Backofen auf 70 °C vorheizen. Den Knoblauch abziehen. Die Hähnchenbrüste von der Haut befreien, in einen Topf geben und mit dem Rotwein, den Kräutern, dem Knoblauch und den ungemahlenen Gewürzen bedecken. Den Topf mit einem Deckel verschließen und die Brüste im Ofen 1 Stunde garen.
Das Fleisch aus dem Sud nehmen und mit einem Kernfühler die Temperatur messen. Das Fleisch sollte im Kern 60 °C heiß sein. Falls nicht, noch ein wenig länger garen. Die fertigen Hähnchenbrüste gut trocken tupfen. Die Butter in einer Pfanne erhitzen und das Fleisch darin scharf anbraten. Die Brüste mit Salz und Pfeffer würzen und ruhen lassen.
Während das Fleisch im Ofen gart, das Kürbispüree zubereiten. Die Zwiebel abziehen, Fasern und Kerne von dem Hokkaidokürbis entfernen. Kürbis und Zwiebel würfeln. 30 g Butter in einem Topf erhitzen und beides darin langsam anschwitzen; salzen. Mit dem Wein ablöschen und diesen vollkommen verkochen lassen. Den Fond angießen. Von der Orange zwei Streifen Schale mit einem Sparschäler abschälen und mit dem Ingwer dazugeben. Den Kürbis zugedeckt in etwa 30 Minuten bei mäßiger Hitze weich kochen. Gelegentlich umrühren, damit nichts anbrennt.
Den Deckel abnehmen und den Kürbis noch so lange kochen, bis die Flüssigkeit nahezu verdampft ist. Den Topfinhalt in einen Mixer geben und mit der restlichen Butter (50 g) fein pürieren. Das Püree mit Salz abschmecken und warm halten.
Zum Servieren je einen großen Klecks Kürbispüree mittig auf die Teller geben. Die Brüste längs halbieren, auf dem Püree anrichten und mit etwas heißem Garsud beträufeln.

Tipp: Als weitere Beilage passen gut gebackene rote Zwiebeln. Dafür 2 rote Zwiebeln abziehen und in Spalten schneiden. Im Ofen bei 160 °C 15–20 Minuten garen und mit Salz und Pfeffer würzen.

Tomatenrisoni, gegrillter Oktopus, Basilikum

Für 4 Personen

Tomatenrisoni
2 Zwiebeln
2 Knoblauchzehen
50 ml Olivenöl
1 TL Zucker
1 TL Vadouvan-Gewürz (s. S. 111)
1 TL Koriandersamen
1 Dose gewürfelte Tomaten (800 g)
Salz
400 g Risoni (s. S. 215)
50 g Parmesan
1 Bund Basilikum
50 g kalte Butterflocken

Oktopus
2 EL Sonnenblumenöl
4 gekochte Oktopustentakel (s. S. 74)
Salz
Osmanisches Gewürz (s. S. 111)

Für die Tomatenrisoni zunächst einen Sugo zubereiten. Dafür Zwiebeln und Knoblauch abziehen und beides fein würfeln. Das Olivenöl in einem Topf erhitzen und Zwiebeln und Knoblauch darin anschwitzen. Zucker und Gewürze zugeben und kurz mitgaren. Sollten die Tomaten sehr grob geschnitten sein, kurz einmal mit dem Stabmixer durchmixen. Die Tomaten ebenfalls in den Topf geben und bei niedriger Temperatur etwa 1½ Stunden einkochen lassen, optimal wären am Ende 300 ml Sugo. Dabei immer wieder umrühren, damit die Sauce nicht ansetzt.
Wasser in einem Topf aufkochen, salzen und die Risoni darin nach Packungsangabe al dente kochen; abgießen. Die Risoni in einem Topf mit dem Tomatensugo verfeinern, bis die Mischung eine cremige Konsistenz hat.
In der Zwischenzeit das Sonnenblumenöl in einer Pfanne erhitzen und den gekochten Oktopus darin scharf anbraten, bis er eine Kruste bekommt. Mit Salz und Osmanischem Gewürz abschmecken.
Den Parmesan reiben und das Basilikum in feine Streifen schneiden. Nach Belieben ein wenig Parmesan und ein paar Basilikumblättchen zum Garniern beiseitestellen. Parmesan und Basilikumstreifen mit der kalten Butter unter die Tomatenrisoni rühren. Die Risoni mit dem Oktopus in Schalen geben, nach Belieben noch mit etwas Parmesan bestreuen und mit Basilikumblättchen garnieren und servieren.

Tipp: Für einen guten Oktopus brauchen Sie unbedingt einen Fischhändler Ihres Vertrauens. Sie sollten sich beim Kauf gut beraten lassen: Damit der Oktopus beim Kochen nicht zäh bleibt, kommt es darauf an, wie er zuvor behandelt wurde. Ich bevorzuge Oktopus aus Marokko, der wird eigentlich immer schön zart.

Zander, Bärlauchpolenta, Zitronenschaum

Zander gilt als der Edelfisch unter den Süßwasserfischen. Durch sein festes Fleisch eignet er sich hervorragend zum Braten und Dämpfen, aber auch um eine Farce zu kochen.

Für 4 Personen

Zitronenschaum
500 ml Fischfond
250 ml halbtrockener Riesling
125 ml Noilly Prat
(trockener franz. Wermut)
500 g Crème fraîche
abgeriebene Schale von
1 Bio-Zitrone
Salz
Cayennepfeffer
50 g kalte Butter

Bärlauchpolenta
50 g Schlagsahne
100 ml Milch
150 ml Geflügelfond
35 g Maisgrieß (Polenta)
60 g Bärlauchpesto
(s. S. 212, Grundrezepte)
30 g Parmesan
50 g kalte Butter
Salz
Saft von ¼ Zitrone

Zander
4 Zanderfilets (à 180 g)
Salz
2 EL Sonnenblumenöl
1 EL Butter
1 Zweig Thymian, plus
mehr zum Garnieren
Saft von ¼ Zitrone

einige Bärlauchblätter zum
Garnieren

Für den Zitronenschaum den Fischfond mit dem Riesling und dem Noilly Prat in einen Topf geben, aufkochen und um die Hälfte reduzieren. Die Crème fraîche in die Sauce rühren und um ein Drittel reduzieren. Die Zitronenschale zugeben und mit Salz und Cayennepfeffer abschmecken. Die Butter hinzufügen und die Sauce mit dem Stabmixer kurz aufschäumen.
Für die Polenta Sahne, Milch und Geflügelfond in einen Topf geben und aufkochen. Den Maisgrieß auf einmal hineingeben und unterrühren, dann bei niedriger Temperatur quellen lassen, bis die Polenta cremig ist.
In der Zwischenzeit die Zanderfilets auf der Hautseite im Abstand von 5 mm leicht einschneiden, damit sich die Haut beim Braten nicht zusammenzieht. Den Zander auf beiden Seiten salzen. Das Sonnenblumenöl in einer beschichteten Pfanne erhitzen. Den Zander mit der Hautseite nach unten einlegen und kurz andrücken, damit er sich nicht nach oben aufdreht. Den Fisch je nach Dicke 3–4 Minuten langsam braten, dann wenden und Butter, Thymian und Zitronensaft zugeben. Die Filets darin gar ziehen lassen.
Das Pesto in die Polenta rühren. Den Parmesan reiben und ebenfalls unterrühren. Mit der Butter verfeinern. Falls nötig mit Salz nachwürzen und mit etwas Zitronensaft abrunden. Fisch und Polenta mit dem Zitronenschaum anrichten, mit Bärlauch und Thymian garnieren und servieren.

FRÜCHTE

Amalfi-Zitronen haben im Vergleich zu herkömmlichen Zitronen ein ganz besonderes Aroma, das ich in Italien lieben gelernt habe. Sie sind saftiger, die dicke Schale kann man mitessen. Der Geschmack wird dadurch nicht unangenehm bitter, im Gegenteil hat die Zitrone ein süß-säuerliches Aroma, das ich gerne mit anderen mediterranen Aromen verbinde. Was in den gleichen Breitengraden wächst und gedeiht, passt auch auf dem Teller gut zusammen.

Getrocknete Datteln verwende ich bei mir in der Küche sehr häufig, weil sie aus dem Orient kommen und gut zu meinen Gerichten passen. Die Früchte sind in Kombination mit Joghurt, Salat oder in orientalischem Reis und Bulgur sehr zu empfehlen. Ein Tipp von mir: Die Datteln über Nacht in Madeira und Apfelsaft einlegen und zu einem Salat aus Roter Bete servieren – fantastisch.

Feigen sind ein Muss in meiner Küche. Wir hatten in der Türkei Feigenbäume im Garten. Wenn die Vögel uns was übrig gelassen haben, sind wir Kinder auf die Bäume geklettert und haben genascht. Wenn Feigen Saison haben, empfehle ich, frische zu kaufen – außerhalb der Saison lieber die getrockneten. Wir verwenden Feigen im süßen Bereich zu Baklava oder *künefe*, im salzigen Bereich machen wir gerne ein Carpaccio von der Aubergine mit Feigenconfit. Auch zu Leber und Lamm oder einem vegetarischen Ziegenkäse-Börek passen die Früchte sehr gut. Zu Baba ganoush schmeckt ein Tatar aus reifer Feige herrlich.

Granatapfel hat ein tolles Aroma und ist außerdem sehr gesund. Wenn ich im Orient bin, trinke ich sehr gerne Granatapfelsaft, den man aber lieber selber machen sollte, denn der gekaufte Saft ist meistens gesüßt. Ganz besonders lecker ist ein Süppchen aus Granatapfelsaft und Hibiskusblüten – dazu schmeckt Vanilleeis köstlich. Für Salate (zum Beispiel aus Rucola, Petersilie und Minze) mache ich aus dem Saft ein Dressing und streue die Kerne als Garnitur darüber.

Granatapfelsirup ist ein Muss in meiner Küche. Wir arbeiten ihn in Vinaigrettes und Dressings ein oder verwenden ihn als Säuerungsmittel für Gerichte, die etwas Säure brauchen: So verfeinern wir beispielsweise unser Rote-Bete-Ragout mit Granatapfelsirup.

Maulbeeren gibt es in drei Sorten: weiß, rot und schwarz. Ich verwende gerne die getrockneten Beeren, die noch etwas süßer schmecken als die frischen. Damit sie etwas weicher werden, lege ich sie über Nacht in Apfelsaft ein. Maulbeeren passen sehr gut zu Wild und Leber. Toll schmeckt auch ein Maulbeer-Kardamom-Joghurt, der zu Rinderfilet, Lamm und Zicklein oder auch zu einem vegetarischen Spinat-Schafskäse-Börek sehr gut passt. In diesem Fall habe ich großes Glück und habe die beste Bezugsquelle überhaupt: Wir haben in der Türkei im Garten Maulbeerbäume, und meine Mutter trocknet die Beeren für mich.

Mispeln haben eine kurze Saison von zwei bis drei Monaten – etwa von April bis Juni. Die meisten Früchte kommen aus Spanien und der Türkei. Lassen Sie sich beim Kauf nicht von kleinen braunen Flecken beirren – das hat nichts mit der Qualität, sondern nur mit der Reife zu tun. Die reiferen Mispeln sind süßer und haben nicht mehr so viel Säure. Sie passen sowohl zu Desserts als auch zu deftigen Gerichten wie Leber, Lamm oder Wild.

Passionsfrucht habe ich schon als Kind gerne gegessen. Ich hatte einen Freund, der immer Passionsfrucht-Schorle getrunken und mich mit seiner Begeisterung angesteckt hat. Im *Pageou* verarbeiten wir die Früchte gerne zu Passionsfrucht-Margherita: einfach den Saft mit Wodka und Tequila mischen, abdecken und kühlen. Nach Bedarf mit etwas Gelatine andicken und zu Vanilleeis servieren – das ist ein super Sommerdessert. Aber auch zu deftigen Gerichten kann man die Frucht verwenden: Passionsfrucht-Mayonnaise passt als Dip sehr gut zu gebackenen Garnelen.

Physalis habe ich in der Münchner U-Bahn kennengelernt – und das obwohl die meisten Früchte in der Türkei angebaut werden (dort werden sie »gelbe Erdbeeren« genannt). Auf dem Weg in die Arbeit saß mir eine Dame gegenüber, die eine mir unbekannte Frucht aus den Blättern geschält und gegessen hat. Trotz meiner Beschreibung hat keiner meiner Kollegen (in einem bayrischen Wirtshaus) die Frucht erkannt – wir mussten im Küchenlexikon danach suchen! Physalis ist eine teure Frucht, mit der man viel mehr machen kann, als ein Dessert zu dekorieren. Mit Kokos, Mango und Banane wird daraus ein wunderbares Fruchtdessert.

Bio-Lachs, Tomaten-Avocado-Salsa, Zitronen-Thymian-Püree

Für 4 Personen

Zitronen-Thymian-Püree
300 g mehligkochende Kartoffeln
50 g Butter
Salz
Muskatnuss, frisch gerieben
100 ml heiße Milch
abgeriebene Schale von ½ Bio-Zitrone
1 EL fein gehackter Thymian
3 EL Schlagsahne

Tomaten-Avocado-Salsa
2 Tomaten
1 Avocado
½ rote Zwiebel
Salz
½ Bund Basilikum
2 EL braune Butter (s. S. 212, Grundrezepte)
2 EL Olivenöl
2 EL Saft und abgeriebene Schale von ½ Bio-Limette
½ TL Zucker
1 Prise Pfeffer
1 Prise Cayennepfeffer

Lachs
4 Stücke Bio-Lachs (à 160 g) ohne Haut
Salz
2 EL Sonnenblumenöl

Für das Püree die Kartoffeln schälen, klein schneiden und in Wasser weich garen. Abgießen und direkt durch eine Kartoffelpresse drücken. Die Butter einrühren, das Püree würzen und heiße Milch, Zitronenschale und Thymian unterrühren. Das Püree durch ein feines Sieb streichen und warm halten. Kurz vor dem Servieren die Sahne unterziehen.
Für die Salsa die Tomaten vierteln und das weiche Innere samt Samen herauslösen. Das Fruchtfleisch in 5 mm große Würfel schneiden. Die Avocado halbieren, von Kern und Schale befreien und gleich groß würfeln. Die Zwiebel abziehen und fein würfeln.
In einem Topf Wasser aufkochen lassen, salzen und die Zwiebel darin 1 Minute blanchieren. Das macht sie besser bekömmlich und mildert ihren Geschmack ab. Das Basilikum in feine Streifen schneiden und mit allen anderen Zutaten für die Salsa vermengen.
Parallel dazu den Lachs auf beiden Seiten leicht salzen. Eine Pfanne mit dem Sonnenblumenöl erhitzen und den Lachs darin auf beiden Seiten etwa 2 Minuten anbraten. Die Garzeit kann je nach Dicke der Stücke etwas variieren. Das Lachsfilet mit der Salsa benetzen, das Püree dazu reichen.

Tipp: Statt Thymian in das Püree einzuarbeiten, kann man auch ein Kartoffel-Pesto-Püree machen, das sehr gut zum Lachs passt.

Thunfischsteak, gegrillter Pak Choi, Limettencreme

Thunfisch, Pak Choi und Limette ergeben ein herrliches Sommergericht. Ganz wichtig dabei ist, dass der Thunfisch keinesfalls zu lange gebraten wird, damit er nicht trocken wird.

Für 4 Personen

Limettencreme
100 g Mayonnaise
2 EL Crème fraîche
Saft von ½ und abgeriebene Schale von 2 Bio-Limetten
Salz
Cayennepfeffer

Thunfischsteak
4 Thunfischsteaks (à 160 g)
Salz
1 EL Sonnenblumenöl

Pak Choi
1 EL Sonnenblumenöl
4 Pak Choi, längs halbiert
Salz
Osmanisches Gewürz (s. S. 111)

Für die Limettencreme alle Zutaten vermengen und mit Salz und Cayennepfeffer abschmecken; beiseitestellen.
Für die Thunfischsteaks eine Grillpfanne stark erhitzen. Die Steaks von beiden Seiten salzen und mit einem Pinsel das Sonnenblumenöl darauf verteilen. Den Thunfisch auf beiden Seiten jeweils 1 Minute richtig scharf anbraten. Eine beschichtete Pfanne mit 1 EL Sonnenblumenöl erhitzen. Den Pak Choi darin auf beiden Seiten scharf anbraten, salzen und kurz vor dem Servieren etwas von dem Osmanischen Gewürz darauf verteilen.
Ist der Pak Choi sehr dick, kann man die Strunkseite vor dem Braten 20 Sekunden in kochendem Salzwasser blanchieren. Vor dem Anbraten gut abtropfen lassen.
Die Thunfischsteaks zum Servieren in dicke Scheiben schneiden und mit dem Pak Choi auf Tellern anrichten. Ein wenig Limettencreme in Klecksen daraufgeben, den Rest dazu reichen.

Tipp: Anstelle des Thunfischs kann man das Gericht auch sehr gut mit Saibling oder Lachs variieren. Fragen Sie einfach beim Fischhändler, was er gerade frisch im Angebot hat.

Wolfsbarsch auf der Haut gebraten, Auberginenkompott, Pak Choi, BBQ-Hollandaise

Für 4 Personen

Auberginenkompott
4 Auberginen
3 EL Olivenöl
Salz
1 TL Ducca (s. S. 110)
½ TL Ras el-Hanout (s. S. 111)
1 EL gehackte Petersilie
Saft von ¼ Zitrone

Pak Choi
1 EL Sonnenblumenöl
4 Pak Choi
Salz
1 Prise Osmanisches Gewürz (s. S. 111)

BBQ-Hollandaise
1 Schalotte
300 ml Weißwein
Pfefferkörner
etwa 3 Eigelb (60 g)
250 g Butter
50 ml BBQ-Sauce

Wolfsbarsch
4 Wolfsbarschfilets (Loup de mer; à 150 g) mit Haut
Salz
2 EL Sonnenblumenöl

Den Backofen auf 180 °C vorheizen.
Die Auberginen waschen, der Länge nach halbieren und die Schnittfläche mit einem Messer einritzen. Das Olivenöl in einer Pfanne erhitzen. Die Auberginen etwas salzen, mit der Schnittfläche nach unten im Öl goldgelb anbraten, dann mit der angebratenen Seite auf ein Backblech legen und im Ofen in 30 Minuten weich garen.
Die Hälften aus dem Ofen nehmen, das Fruchtfleisch mit einem Löffel aus der Schale kratzen und mit einem Messer grob hacken. In eine Schüssel geben, mit Ducca, Ras el-Hanout und Petersilie vermengen und mit Salz und Zitronensaft abschmecken.
Eine beschichtete Pfanne mit dem Sonnenblumenöl erhitzen. Den Pak Choi auf beiden Seiten scharf anbraten. Salzen und kurz vor dem Servieren eine Prise Osmanisches Gewürz darüberstreuen. Ist der Pak Choi sehr groß, kann man die Strunkseite vor dem Braten für 20 Sekunden in kochendem Salzwasser blanchieren. Vor dem Braten gut abtropfen lassen.
Für die BBQ-Hollandaise die Schalotte abziehen und grob würfeln. Den Wein mit ein paar Pfefferkörnern und der Schalotte aufkochen und auf 60 ml einkochen lassen, dann durch ein Sieb streichen. Die Eigelbe mit der Reduktion zu gleichen Teilen abwiegen und über dem Wasserbad heiß und schaumig aufschlagen. Parallel die Butter in einem Topf köcheln lassen, bis sich die Molke am Boden abgesetzt hat. Die geklärte Butter etwas abkühlen lassen und dann sachte in einem dünnen Strahl unter den Eischaum rühren. Die Hollandaise mit der BBQ-Sauce abschmecken.
Den Wolfsbarsch von beiden Seiten salzen. Eine beschichtete Pfanne mit dem Sonnenblumenöl erhitzen und den Fisch auf der Hautseite 2–3 Minuten langsam braten, bis die Haut knusprig goldgelb ist, dann wenden und noch 1 Minute gar ziehen lassen.
Die Fischfilets mit dem Pak Choi auf Tellern anrichten. Auf jedes Filet einen Nocken Auberginenkompott setzen und ein wenig Hollandaise auf jeden Teller träufeln. Die restliche BBQ-Hollandaise dazu reichen.

Gebratene Dorade, Sucuk, Fregola Sarda, geschmorte Paprika

Viele kennen und essen Chorizo und Salsiccia – aber Sucuk, die Gewürzwurst aus der Türkei, ist eher unbekannt. Dabei gibt sie Fisch- und Fleischgerichten sowie Eintöpfen ein tolles, würziges Aroma.

Für 4 Personen

Fregola Sarda
3 rote Paprikaschoten
3 EL Sonnenblumenöl
Salz
1 Schalotte
1 Knoblauchzehe
4 EL Olivenöl
100 g Fregola Sarda (s. S. 214)
100 ml Weißwein
400 ml Geflügelfond
100 g Sucuk (s. S. 215)
50 g Parmesan, frisch gerieben
50 g Butter
1 EL gehackte Petersilie

Dorade
2 EL Sonnenblumenöl
4 Doradenfilets (à 120 g) mit Haut
Salz

Petersilienblättchen zum Garnieren, nach Belieben

Die Paprika waschen, vierteln und vom Kerngehäuse befreien. Die Viertel mit der Haut nach oben auf ein Backblech legen, mit 2 EL Sonnenblumenöl benetzen, salzen und unter dem Backofengrill richtig dunkel rösten. Die Paprika darf ruhig beginnen, schwarz zu werden. Die Paprikastücke in einer verschlossenen Frischhaltedose 10 Minuten schwitzen lassen, dann aus der Dose nehmen, die Haut abziehen und das Fruchtfleisch in 5 mm große Würfel schneiden.
Schalotte und Knoblauch abziehen und fein würfeln. Das Olivenöl in einem Topf erhitzen und beides darin anschwitzen. Die Pasta dazugeben, mitschwitzen lassen, etwas salzen und mit dem Weißwein ablöschen. Den Wein komplett verkochen lassen, den Geflügelfond dazugießen und die Fregola Sarda in 15 Minuten al dente köcheln lassen.
Die Sucuk in 5 mm große Würfel schneiden. Kurz vor Ende der Pastagarzeit das restliche Sonnenblumenöl (1 EL) in einer Pfanne erhitzen und die Wurst darin knusprig braten. Sucuk, Paprika, Parmesan, Butter und Petersilie zu der Fregola Sarda geben und abschmecken.
Eine beschichtete Pfanne mit dem Sonnenblumenöl erhitzen. Die Doradenfilets von beiden Seiten salzen und in dem Öl auf der Hautseite in etwa 2 Minuten knusprig braten. Wenden und noch 1 Minute gar ziehen lassen.
Die Fregola Sarda auf vier Tellern verteilen, je ein Fischfilet daraufsetzen und nach Belieben mit ein paar Petersilienblättchen garnieren.

Wolfsbarsch, Bulgur, Fenchel-Aprikosen-Salat, Hummeraioli

Wolfsbarsch (auch als Loup de mer bekannt) ist einer meiner Lieblingsfische. In der Kombination mit Fenchel und Aprikosen esse ich ihn besonders gern. Nehmen Sie, wenn möglich, lieber einen Wildfang als einen Zuchtfisch.

Für 4 Personen

Bulgur
300 ml Geflügelfond
1 TL Currypulver
½ TL Ras el-Hanout (s. S. 111)
½ TL Salz
2 EL Olivenöl
200 g Bulgur

Fenchel-Aprikosen-Salat
1 Fenchelknolle
2 reife Aprikosen
2 EL Zitronensaft
4 EL Olivenöl
Salz
Zucker

Hummeraioli
100 ml Krustentierfond
200 g Mayonnaise
½ Knoblauchzehe
Salz
Cayennepfeffer
Saft von ¼ Zitrone

Wolfsbarsch
4 Wolfsbarschfilets (Loup de Mer; à 160 g) mit Haut
Salz
2 EL Sonnenblumenöl

Den Fond mit den Gewürzen und dem Olivenöl in einen Topf geben und aufkochen lassen. Den Bulgur dazugeben und zugedeckt 10 Minuten ziehen lassen, anschließend mit einer Gabel auflockern.
Für den Salat den Fenchel vom Strunk befreien und fein hobeln. Die Aprikosen vom Kern befreien, klein würfeln und dazugeben. Mit Zitronensaft und Olivenöl vermengen und mit Salz und etwas Zucker abschmecken.
Für das Aioli den Krustentierfond auf 20 ml einkochen und abkühlen lassen. Den Fond zu der Mayonnaise geben. Den Knoblauch abziehen, fein reiben und ebenfalls zur Mayonnaise geben. Alles mit einem Stabmixer zu einer glatten Masse verrühren. Mit Salz und Cayennepfeffer abschmecken und einen Spritzer Zitronensaft zugeben.
Den Wolfsbarsch auf beiden Seiten leicht salzen. Das Sonnenblumenöl in einer beschichteten Pfanne erhitzen und den Fisch darin auf der Hautseite bei mittlerer Hitze anbraten.
Je nach Dicke der Filets den Fisch nach etwa 2 Minuten wenden und weitere 30 Sekunden braten.
Die Fischfilets auf dem Bulgur anrichten, den Salat daneben platzieren und das Aioli drumherum träufeln.

Saibling, Mangold, Belugalinsen, Granatapfel, Haselnuss

Für 4 Personen

Belugalinsen
1 Schalotte
1 Knoblauchzehe
30 g Butter
70 g Belugalinsen
½ TL Anapurna-Currypulver (s. S. 110)
½ TL Ras el-Hanout (s. S. 111)
2 EL Balsamicoessig
etwa 300 ml Gemüsefond
1 TL Speisestärke
30 g kalte Butter
2 EL fein gehackte Petersilie
Salz

Mangold
½ Schalotte
1 EL braune Butter (s. S. 212, Grundrezepte)
300 g Babymangold
Salz
Muskatnuss, frisch gerieben
50 g geröstete Haselnusskerne, gehackt
½ Granatapfel, Kerne ausgelöst

Saibling
2 EL Sonnenblumenöl
4 Saiblingfilets (à 140 g) mit Haut
Salz

Die Schalotte abziehen und würfeln. Den Knoblauch abziehen und fein reiben. Die Butter in einem Topf erhitzen und beides darin langsam anschwitzen. Die Linsen sowie das Currypulver und das Ras el-Hanout dazugeben und mitschwitzen lassen. Mit dem Essig ablöschen und diesen vollkommen verkochen lassen, dann den Fond dazugießen. Die Linsen köcheln lassen, bis sie weich sind, gegebenenfalls weiteren Fond dazugeben.
Die Speisestärke mit 2 EL kaltem Wasser anrühren und unter ständigem Rühren zu den weichen Linsen geben. Die kalte Butter klein würfeln und hinzufügen. Die Linsen dürfen jetzt nicht mehr kochen. Die Petersilie dazugeben und die Linsen mit Salz abschmecken. Die Hülsenfrüchte erst zum Schluss salzen, da sich ansonsten die Garzeit erheblich verlängert.

Für den Mangold die halbe Schalotte abziehen und würfeln. Die braune Butter in einem Topf erhitzen und die Schalotte darin anschwitzen. Den Mangold zugeben und mit Salz und Muskatnuss würzen, dann die Haselnüsse und Granatapfelkerne zugeben.
Das Sonnenblumenöl in einer beschichteten Pfanne erhitzen. Den Saibling salzen und mit der Hautseite nach unten bei mittlerer Hitze 2 Minuten anbraten, dann die Filets wenden und in 30 Sekunden fertig braten.
Mangold und Linsen gemeinsam auf den Tellern anrichten und den Saibling darauf servieren.

Dorade, Safran-Muschel-Ragout, Fenchel, Süßkartoffel

Für 4 Personen

Safran-Muschel-Ragout
1 kg Bouchot-Muscheln
1 Fenchelknolle
2 Süßkartoffeln
1 Zwiebel
2 Knoblauchzehen
2 EL Olivenöl
200 ml Noilly Prat (trockener franz. Wermut)
300 ml Fischfond
2 g Safran
30 g kalte Butter
1 EL fein gehackter Estragon

Dorade
4 Doradenfilets (à 130 g) mit Haut
Salz
2 EL Sonnenblumenöl

Für das Ragout die Muscheln in kaltem Wasser waschen und darauf achten, dass alle Muscheln geschlossen sind. Geöffnete Muscheln etwas zudrücken: Wenn sie sich wieder zusammenziehen, leben sie noch und können verwendet werden. Muscheln, die sich nicht mehr schließen, wegwerfen. Die Muscheln abtropfen lassen.
Den Fenchel vom Strunk und dem Grün befreien und in 5 mm große Würfel schneiden. Etwas von dem Fenchelgrün zum Garnieren beiseitestellen. Die Süßkartoffeln schälen und ebenfalls 5 mm groß würfeln; beides beiseitestellen.
Zwiebel und Knoblauch abziehen und fein würfeln. Das Olivenöl in einem großen Topf erhitzen und beides darin anschwitzen. Die Muscheln zugeben und kurz mitschwitzen lassen. Mit dem Noilly Prat ablöschen und diesen einkochen lassen. Den Fischfond dazugießen und einmal aufkochen lassen.
Die Muscheln aus dem Fond nehmen und aus der Schale lösen. Den Safran zu dem Fond geben. Die Süßkartoffelwürfel hinzufügen und 5 Minuten garen, dann den Fenchel dazugeben und garen, bis das Gemüse weich ist. Erst die kalte Butter in das Ragout rühren, dann die Muscheln und den Estragon zugeben.
Die Doradenfilets auf beiden Seiten salzen. Eine beschichtete Pfanne mit dem Sonnenblumenöl erhitzen und die Filets auf der Hautseite 2 Minuten bei mittlerer Hitze anbraten. Den Fisch wenden, weitere 30 Sekunden braten und auf dem Ragout servieren; mit ein wenig Fenchelgrün garnieren.

Bio-Lachs, Orangen-Chicorée, Kürbis, Rosmarinpolenta

Für 4 Personen

Orangen-Chicorée
4 Orangen
1 EL Zucker
300 ml Orangensaft
1 Lorbeerblatt
3 Kardamomkapseln
1 Chicorée
20 g kalte Butter

Kürbis
½ Hokkaidokürbis
½ EL Anapurna-Currypulver (s. S. 110)
1 Prise Salz
2 EL Olivenöl

Rosmarinpolenta
300 g Schlagsahne
300 ml Geflügelfond
100 g Maisgrieß (Polenta)
50 g Parmesan, frisch gerieben
50 g Butter
1 EL fein gehackter Rosmarin

Lachs
4 Stücke Bio-Lachs (à 150 g) ohne Haut
Salz
1 EL Rapsöl

Die Orangen mitsamt der weißen Innenhaut schälen und die Filets herausschneiden. Den Saft aus den Trennhäuten pressen. Den Zucker in einem Topf langsam karamellisieren lassen und mit dem ausgepressten Saft sowie den 300 ml Orangensaft ablöschen. Lorbeerblatt und Kardamom zugeben. Den Saft langsam einkochen lassen.
Den Chicorée der Länge nach achteln. Den Strunk so herausschneiden, dass die Blätter noch zusammenhängen. Den Chicorée für 10 Minuten in lauwarmes Wasser legen, dann gut abtropfen lassen. Die Achtel im Orangensaft etwa 3 Minuten köcheln lassen; herausnehmen.
Den Orangensaft auf 100 ml einkochen lassen und dann vom Herd nehmen. Die kalte Butter hineinrühren und den Chicorée wieder hineingeben und durchschwenken; warm halten. Die Reduktion darf nicht mehr kochen.
Den Backofen auf 200 °C vorheizen. Den Kürbis in etwa 1 cm dicke Scheiben schneiden, mit Currypulver, Salz und Olivenöl würzen und im Ofen etwa 15 Minuten backen. Der Kürbis sollte etwas Farbe annehmen und weich werden.
Die Sahne und den Geflügelfond aufkochen. Die Polenta auf einmal dazugeben, mit einem Schneebesen gut unterrühren und bei niedriger Temperatur 10 Minuten quellen lassen. Parmesan, Butter und Rosmarin hinzugeben.
Den Lachs von beiden Seiten salzen. Das Rapsöl in einer Pfanne erhitzen und den Lachs darin beidseitig scharf anbraten. Je nach Dicke benötigt er etwa 1½ Minuten pro Seite, die Filets sollten im Kern noch glasig sein.
Orangen-Chicorée und Kürbis auf vier Tellern anrichten, die Lachsfilets darauflegen und die Polenta in Klecksen daneben setzen. Die Orangenreduktion darüber träufeln.

Tipp: Anstelle von Polenta passt hier auch ein Karotten-Ingwer-Püree sehr gut.

Limonenrisotto, gegrillte Garnele

Für einen guten Risotto ist es wichtig, den richtigen Reis zu verwenden. Am besten geeignet ist Rundkornreis. Ich nehme am liebsten den Bio-Reis Acquerello aus Italien, das ist die Sorte Carnaroli. Dieser Reis nimmt viel Wasser auf und wird dabei nicht matschig.

Für 4 Personen

Limonenrisotto
1 Schalotte
1 Knoblauchzehe
Olivenöl
1 Zweig Rosmarin
1 Zweig Thymian
150 g Risottoreis
100 ml trockener Weißwein
500 ml heißer Geflügelfond
Saft von ½ und abgeriebene Schale von 2 Bio-Zitronen oder Bio-Limetten
50 g kalte Butter
50 g Parmesan, frisch gerieben
Salz
Pfeffer

Garnele
12 Salzwassergarnelen
Salz
1 Knoblauchzehe
1 EL Sonnenblumenöl
1 EL Butter
1 Zweig Thymian
1 Zweig Rosmarin
Saft von ¼ Zitrone
schwarzer Pfeffer

einige Basilikumblättchen zum Garnieren

Schalotte und Knoblauch abziehen. Die Schalotte fein würfeln, den Knoblauch zerdrücken. Etwas Olivenöl in einem Topf erhitzen und beides mit dem Rosmarin- und Thymianzweig darin anschwitzen.
Den Reis dazugeben und mitschwitzen. Mit dem Wein ablöschen und diesen verkochen lassen. Nach und nach den Geflügelfond dazugießen, dabei mit einem Holzlöffel rühren. Der Reis muss insgesamt etwa 20 Minuten köcheln. Kurz vor Ende der Garzeit Zitrusfruchtsaft und -schale hinzufügen und die Kräuterzweige entfernen. Zum Schluss die Butter unterrühren und den Parmesan unterheben. Den Risotto mit Salz und Pfeffer abschmecken.

Die Garnelen schälen, am Rücken mit einem scharfen Messer leicht einschneiden und vom Darm befreien. Die Garnelen salzen. Den Knoblauch abziehen. Das Sonnenblumenöl in einer Pfanne erhitzen und die Garnelen darin von beiden Seiten scharf anbraten. Butter, Knoblauch und Kräuter zugeben. Die Garnelen mit der Butter übergießen, mit dem Zitronensaft und schwarzem Pfeffer abschmecken und samt Garsud auf dem Risotto verteilen. Mit Basilikum garnieren.

Tipp: Statt Limette können Sie auch Estragon in den Risotto geben, das passt ebenfalls sehr gut zu den Garnelen.

Winterkabeljau, Graupen-Gurken-Ragout, Kürbisschaum

Für 4 Personen

Kürbisschaum
¼ Hokkaidokürbis
2 Schalotten
50 g Butter
1 Stängel Zitronengras
20 g Ingwer
1 TL Currypulver
100 ml Weißwein
500 ml Geflügelfond
200 g Schlagsahne
Salz
20 ml Passionsfruchtsaft

Graupen-Gurken-Ragout
160 g Perlgraupen
Salz
1 Schalotte
1 EL Olivenöl
200 ml Geflügelfond
40 g kalte Butter
30 g Parmesan, frisch gerieben
Pfeffer
Cayennepfeffer
Saft von ½ und abgeriebene Schale von 1 Bio-Limette
½ Salatgurke
2 EL fein gehackter Dill plus mehr zum Garnieren

Kabeljau
4 Winterkabeljaufilets (à 180 g)
Salz
Sonnenblumenöl

Den Kürbis mit Schale in etwa 2 cm große Würfel schneiden. Die Schalotten abziehen und in Ringe schneiden. Die Butter in einer Pfanne erhitzen und beides darin langsam anschwitzen. Das Zitronengras kurz mit einem Plattiereisen zerdrücken, ganz fein schneiden und hinzufügen. Den Ingwer samt Schale fein hacken und dazugeben. Alles langsam anschwitzen, das Currypulver dazugeben und kurz mitschwitzen lassen.

Mit dem Weißwein ablöschen und diesen vollkommen verkochen lassen. Mit dem Fond auffüllen und den Kürbis in etwa 30 Minuten weich kochen. Dann die Sahne zugeben und aufkochen lassen. Den Topfinhalt pürieren und durch ein feines Sieb streichen. Mit Salz abschmecken und mit Passionsfruchtsaft abrunden. Vor dem Servieren mit dem Stabmixer aufschäumen.

Währenddessen die Perlgraupen in reichlich Salzwasser bissfest kochen; abgießen. Die Schalotte abziehen und fein würfeln. Das Olivenöl in einem Topf erhitzen und die Schalotte darin anschwitzen. Die Graupen dazugeben und nach und nach Geflügelfond angießen, bis die Graupen weich sind und den Fond aufgenommen haben. Die kalte Butter sowie den Parmesan dazugeben. Mit Salz, Pfeffer und Cayennepfeffer abschmecken. Damit das Ragout etwas an Frische gewinnt, Limettenschale und -saft hinzufügen. Die Gurke in 5 mm große Würfel schneiden und mit dem Dill zugeben.

Den Kabeljau auf beiden Seiten salzen. Etwas Sonnenblumenöl in einer Pfanne erhitzen, die Filets darin scharf anbraten und je nach Dicke in 2–3 Minuten langsam fertig braten. Sind die Filets sehr dick, empfiehlt es sich, den Fisch scharf anzubraten und dann bei 160 °C für 4–6 Minuten im vorgeheizten Ofen fertig zu garen.

Den Fisch auf dem Ragout anrichten und den Kürbisschaum daneben träufeln, mit Dill garnieren.

DESSERTS

Der süße Abschluss

Dunkle Mousse au Chocolat, Rhabarber, Erdbeeren

Für 4 Personen

Mousse au Chocolat
2 Blatt Gelatine
500 g Schlagsahne
2 Eier
1 Eigelb
70 g Zucker
180 g dunkle Kuvertüre
20 ml Rum

Rhabarber-Erdbeeren
250 g Erdbeeren
50 g Zucker
1 EL Himbeerfruchtmark
1 Stange Rhabarber

einige Blättchen Sauerampfer zum Garnieren, nach Belieben

Die Gelatine in kaltem Wasser einweichen. Die Sahne mit einem Handrührgerät steif schlagen und kalt stellen.
Die Eier mit dem Eigelb und dem Zucker über dem heißen Wasserbad schaumig schlagen. Die Kuvertüre parallel dazu über einem separaten Wasserbad schmelzen lassen.
Die Gelatine ausdrücken, mit dem Rum in einen kleinen Topf geben und auf dem Herd bei niedriger Temperatur unter Rühren auflösen. Die aufgelöste Gelatine unter Rühren zu dem warmen Eischaum geben. Dann die geschmolzene Kuvertüre zufügen. Die Masse vom Wasserbad nehmen und 2 Minuten lang etwas kalt rühren.
Die steif geschlagene Sahne in drei Teilen unterheben, so bleibt am meisten Volumen erhalten und die Mousse wird schön locker. Die Mousse in Gläser füllen und kalt stellen.
Die Erdbeeren waschen, entkelchen, vierteln und beiseitestellen. Den Zucker mit 50 ml Wasser und dem Himbeermark in einen Topf geben. Mit einem kleinen Messer die Fäden von dem Rhabarber ziehen. Den Rhabarber in etwa 5 mm große Würfel schneiden und ebenfalls in den Topf geben. Den Rhabarber 1 Stunde in dem Zuckersirup marinieren. So gibt er etwas von seiner Flüssigkeit ab, und man kann ihn später im eigenen Saft garen. Den Rhabarber in dem Topf langsam zum Kochen bringen und weich kochen. Etwas abkühlen lassen, die Erdbeeren dazugeben und beides auf der Mousse au Chocolat anrichten. Nach Belieben mit Sauerampfer garnieren.

Tipp: Wenn die Erdbeer- und Rhabarber-Saison vorbei ist, sind auch türkische Herzkirschen für dieses Dessert super geeignet. Durch den kleinen Kern haben sie sehr viel Fruchtfleisch und sind außerdem schön knackig. Ich koche sie mit etwas Portwein und Kirschsaft zu einem leckeren Ragout ein.

Tiramisu, Erdbeerragout

Ich liebe Tiramisu – wenn ich es in einem Restaurant bestelle, achte ich allerdings wegen der rohen Eier immer darauf, dass es frisch gemacht wurde. Im Sommer mache ich das Tiramisu gerne etwas leichter, indem ich weniger Mascarpone verwende und ihn mit etwas Schmand, Ricotta oder Joghurt vermische.

Für 4 Personen

Tiramisu
4 Eigelb
100 g Zucker
500 g Mascarpone
200 g Löffelbiskuit
100 ml kalter Espresso
100 ml Amaretto
2 EL Kakaopulver

Erdbeerragout
500 g Erdbeeren
Saft von 1 Limette
50 g Puderzucker
2 EL Grand Manier

einige Blättchen Minibasilikum zum Garnieren, nach Belieben

Eigelbe und Zucker mit einem Handrührgerät so lange schlagen, bis sich der Zucker aufgelöst hat und der Schaum hellgelb aussieht. Dann den Mascarpone zugeben und die Masse so lange schlagen, bis sie cremig ist.
Eine Kastenform mit Frischhaltefolie auskleiden. Den Formboden mit einer Lage Löffelbiskuits bedecken. Amaretto und Espresso mischen und mit einem Esslöffel über die Löffelbiskuits träufeln, man benötigt etwa ½ EL pro Löffelbiskuit.
Eine Schicht Creme darauf verteilen und glatt streichen. Darauf wieder eine Lage Löffelbiskuits legen, diese beträufeln und mit der restlichen Creme bedecken.
Das Tiramisu einen Tag gut durchkühlen lassen und vor dem Servieren mit Kakaopulver bestreuen. Da die Form mit Klarsichtfolie ausgelegt ist, kann man diese an den Ecken fassen und das Tiramisu aus der Form heben. Ein Messer in kochend heißes Wasser tauchen und das Tiramisu damit in Stücke schneiden.
Für das Erdbeerragout die Erdbeeren waschen und entkelchen. Die Hälfte der Erdbeeren in Viertel schneiden und in eine Schüssel geben. Die restlichen Erdbeeren mit Limettensaft, Puderzucker und Grand Manier pürieren und durch ein feines Sieb über die Erdbeerviertel streichen.
Das Erdbeerragout passt perfekt zum Tiramisu, einige Blättchen Minibasilikum darauf ergänzen das Dessert optimal.

Tipp: Wer möchte, kann das Tiramisu auch direkt in Gläser schichten und so servieren.

Geschmorte Mispeln, Vanilleeis

Schon als Kind habe ich den Geschmack von Mispeln geliebt. Ich saß gerne in unserem Mispelbaum und habe die Früchte von den Zweigen genascht. Ihr leicht säuerlicher Geschmack harmoniert sehr gut mit der Süße des Vanilleeises.

Für 4 Personen

Mispeln
1 Bio-Zitrone
500 g Mispeln
80 g Zucker
100 ml Weißwein
530 ml Orangensaft
1 Vanilleschote
2 Kardamomkapseln
1 Zimtstange
1 EL Speisestärke
30 g Pistazienkerne, gehackt

Vanilleeis
250 ml Milch
250 g Schlagsahne
110 g Zucker
1 Vanilleschote
80 g Eigelb (etwa 4 Eigelb)

Von der Zitrone mithilfe eines Sparschälers zwei Streifen Schale abschälen, den Saft auspressen. Die Mispeln waschen, halbieren und mit einem Löffel das Kerngehäuse entfernen. Mit einem kleinen Messer die Schale abziehen. Die Mispeln während der Vorbereitung mit dem Zitronensaft benetzen, da sie sehr schnell braun werden.

Den Zucker in einem Topf karamellisieren lassen. Mit dem Wein ablöschen und diesen auf die Hälfte einkochen lassen, dann 500 ml Orangensaft zugeben. Das Vanillemark aus der Schote kratzen und mit den anderen Gewürzen hinzufügen. Die Mispeln in den Sud geben, etwa 1 Minute kochen lassen und wieder herausnehmen.

Den Sud auf die Hälfte einkochen lassen. Die Speisestärke in dem restlichen Orangensaft (30 ml) auflösen und unter ständigem Rühren zu dem Orangensud geben. Diesen noch 1 Minute köchelnd eindicken lassen, dann durch ein Sieb über die Mispeln streichen. Die gehackten Pistazien untermischen und das Ragout abkühlen lassen.

Für das Vanilleeis Milch, Sahne und Zucker aufkochen. Die Vanilleschote auskratzen und das Mark sowie die Schote dazugeben. Die Milch-Sahne-Mischung nochmals richtig aufkochen lassen. Die Eigelbe in eine Schüssel geben, die heiße Flüssigkeit unter zügigem Rühren auf einmal dazugeben. Die Masse durch ein Sieb streichen und über einem Eiswasserbad kalt rühren. Anschließend in der Eismaschine gefrieren lassen.

Das abgekühlte Ragout in Schälchen füllen und mit je einer Kugel Vanilleeis servieren.

Mousse und Geschmortes vom Pfirsich, Rosmarinstreusel

Ich habe den Pfirsich hier auf zweierlei Art zubereitet, weil ich die Kombination der verschiedenen Texturen sehr spannend finde – so hat man etwas Cremiges und »was zu Beißen«. Der Crumble gibt noch den richtigen Crunch dazu, Rosmarin bringt das gewisse Etwas hinein.

Für 4 Personen

Pfirsichmark
800 g Pfirsiche
100 g Zucker
100 ml Weißwein
1 Vanilleschote
2 Kardamomkapseln

Pfirsichmousse
3 Blatt Gelatine
150 g Schlagsahne
200 g, plus 2 EL Pfirsichmark
60 g Eigelb (etwa 3 Eigelb)
50 g Zucker

Rosmarinstreusel
150 g Mehl
100 g kalte Butter, gewürfelt
75 g Zucker
25 g gemahlene Haselnüsse
etwas Rosmarin, gehackt, plus mehr zum Garnieren

Die Pfirsiche waschen, halbieren und vom Kern befreien. Den Zucker in einem Topf karamellisieren lassen, mit dem Weißwein ablöschen. Die Vanilleschote längs einschneiden und mit Kardamom und 500 ml Wasser dazugeben.
Die Pfirsiche in den Sud legen und 2 Minuten garen, bis sich die Haut löst. Dann vier schöne Hälften herausnehmen und die Haut abziehen. Die restlichen Pfirsiche richtig weich kochen. Vanille und Kardamom herausnehmen, die Früchte mit einem Stabmixer fein pürieren und durch ein Sieb streichen. Dies ist das Pfirsichmark für die Mousse, Reste davon können eingefroren werden.
Für die Pfirsichmousse die Gelatine in kaltem Wasser einweichen. Die Sahne steif schlagen und kalt stellen. 200 g Pfirsichmark mit den Eigelben und dem Zucker über dem heißen Wasserbad aufschlagen. Die Masse sollte sich warm anfühlen und ein schönes Volumen haben. Die Gelatine ausdrücken, mit dem restlichen Pfirsichmark (2 EL) in einem kleinen Topf auflösen und dann unter ständigem Rühren in die warme Eimasse geben.
Die Eimasse vom Wasserbad nehmen und mit einem Handrührgerät kalt schlagen. Die Sahne vorsichtig unter die abgekühlte Masse heben, die Mousse in Schalen füllen und kalt stellen.
Den Backofen auf 180 °C vorheizen. Für die Streusel alle Zutaten in eine Schüssel geben und zügig zu einer krümeligen Masse verkneten. Auf einem Backblech verteilen und im Ofen in 8–12 Minuten goldgelb backen; auskühlen lassen.
Die Pfirsichhälften in Spalten schneiden und mit den Streuseln und einigen Rosmarinnadeln auf der Mousse anrichten.

Tipp: Probieren Sie doch anstelle von Rosmarin mal Verbene, auch Eisenkraut genannt. Das ergänzt den geschmorten Pfirsich auch sehr gut.

Erdbeertartes, Vanillesahne

Ein ähnliches Dessert habe ich einmal in einem winzigen Bistro in meiner Lieblingsstadt Paris gegessen. Eigentlich war ich satt und wollte kein Dessert mehr. Da aber der Kellner schwärmte, wie berühmt ihre Erdbeertarte sei, habe ich doch probiert. Und gleich noch eine zweite Portion bestellt, weil sie so lecker war. Ich finde, dieses Dessert zeigt, dass lecker gar nicht kompliziert sein muss.

Für 4 Personen

Erdbeertartes
50 g weiche Butter
50 g Marzipan
50 g Zucker
50 g gemahlene Mandeln
1 Ei
½ TL Speisestärke
1 TL Rum
4 Platten Blätterteig (TK), aufgetaut
750 g Erdbeeren

Vanillesahne
200 g Schlagsahne
1 EL Puderzucker
Mark von ½ Vanilleschote

Für die Tartes die weiche Butter mit dem Marzipan in der Küchenmaschine schaumig schlagen. Zucker, Mandeln, Ei, Speisestärke und Rum dazugeben und alles gut vermengen. Den Backofen auf 200 °C vorheizen. Den Blätterteig mit einer Gabel einstechen. So geht er später gleichmäßiger auf. Aus den Teigplatten vier Kreise mit 10–12 cm Durchmesser ausstechen.
Ein Backblech mit Backpapier auslegen, den Blätterteig darauflegen. Die Marzipancreme auf die Blätterteigkreise streichen und im Ofen in 12–18 Minuten goldgelb backen. Nach 2 Minuten Backzeit die Ofentemperatur auf 180 °C reduzieren.
Die Tarteböden nach dem Backen auskühlen lassen. Die Erdbeeren waschen, entkelchen und vierteln. Dekorativ auf den Tartes verteilen. Die Sahne mit einem Handrührgerät leicht aufschlagen. Puderzucker und Vanillemark dazugeben und die Sahne steif schlagen.
Die Sahne zu den Tartes servieren.

Tipp: Wenn die Erdbeersaison vorbei ist oder Sie keine guten Erdbeeren bekommen, können Sie die Tarte auch mit Himbeeren, Kirschen oder Mango zubereiten.

Cheesecake, Erdbeeren, Vanilleeis

Ich verwende für meinen Käsekuchen sehr gerne Frischkäse (und keinen Quark), weil ich finde, dass die Füllung so viel cremiger wird. Zusammen mit dem Crunch des Bodens verbinden sich hier wieder zwei tolle Texturen.

Für 4 Personen

Keksboden
100 g Butterkekse
70 g Mandelblättchen
100 g Butter

Käsemasse
350 g Frischkäse
100 g Zucker
25 g Mehl
2 Eier
1 Eigelb
25 g Schlagsahne

Vanilleeis
250 ml Milch
250 g Schlagsahne
110 g Zucker
1 Vanilleschote
80 g Eigelb (etwa 4 Eigelb)

Erdbeeren
500 g Erdbeeren
1 EL Puderzucker
1 EL Grand Manier

Die Kekse grob zerbröseln. Die Mandelblättchen in einer Pfanne ohne Fett goldgelb rösten. Aufpassen, dass sie nicht zu dunkel werden. Die Butter zerlassen und mit den Bröseln und den Mandelblättchen vermengen. Eine Springform von 20–30 cm Durchmesser mit Backpapier auslegen. Die Keksmasse gleichmäßig auf dem Formboden verteilen, fest andrücken und für 30 Minuten kalt stellen.
Den Backofen auf 120 °C Umluft vorheizen.
Alle Zutaten für die Käsemasse mit dem Stabmixer zu einer homogenen Masse vermischen und anschließend durch ein Sieb streichen.
Die Masse auf den Keksboden geben und den Cheesecake 1 Stunde 10 Minuten backen. Den Kuchen aus dem Ofen nehmen und für 2 Stunden kalt stellen, so lässt er sich besser aus der Form lösen und schneiden.

Das Vanilleeis wie auf S. 180 beschrieben zubereiten und in der Eismaschine gefrieren lassen.
Die Erdbeeren waschen, entkelchen, in Würfelchen schneiden und mit Puderzucker und Grand Manier marinieren.
Den Cheesecake in Stücke schneiden und mit den Erdbeeren und Vanilleeis servieren.

Brombeer-Topfen-Mousse, Schokoladenstreusel

Für 4 Personen

Brombeer-Topfen-Mousse
125 g Brombeeren
100 g Frischkäse
150 g Quark
Saft und abgeriebene Schale von ½ Bio-Zitrone
2 Eiweiß
70 g Zucker
250 g Schlagsahne

Schokoladenstreusel
150 g Mehl
100 g kalte Butter, gewürfelt
75 g Zucker
25 g gemahlene Haselnüsse
1 EL Kakaopulver

Die Brombeeren gut verlesen und waschen. Acht Brombeeren für die Garnitur beiseitelegen, die restlichen Brombeeren mit einer Gabel leicht zerdrücken.
Den Frischkäse mit dem Quark sowie Zitronensaft und -schale vermengen. Die Eiweiße 30 Sekunden mit einem Handrührgerät aufschlagen. Dann den Zucker nach und nach dazugeben. Die Sahne ebenfalls mit dem Handrührgerät steif schlagen. Zuerst das Eiweiß, dann die Sahne unter die Quarkmasse heben. Die Brombeeren vorsichtig unterziehen, damit eine leichte Marmorierung sichtbar wird.
Den Backofen auf 180 °C vorheizen. Alle Zutaten für die Schokoladenstreusel in eine Schüssel geben und zügig verkneten. Die Mischung soll bröselig sein. Die Streusel auf ein Backblech geben und im Ofen in 8–12 Minuten knusprig backen. Aus dem Ofen nehmen und auskühlen lassen.
Die Mousse in vier Gläser oder Schälchen füllen, die Streusel daraufgeben und mit je zwei Brombeeren garnieren.

Tipp: Anstelle von Brombeeren passen auch Heidelbeeren sehr gut. Und wenn keine Beerensaison ist, verwende ich gerne Birnen, die ich mit etwas Butter, Zucker und Zimt karamellisiere.

Geschmorter Pfirsich, Ricotta-Zitronen-Eis, gebackener Yufkateig

Für 4 Personen

Pfirsich
2 EL Zucker
200 ml Weißwein
300 ml Pfirsichsaft
1 ausgekratzte Vanilleschote
4 reife Pfirsiche

Yufkateig
2 Blätter Yufkateig (s. S. 216)
1 Eiweiß
2 EL Puderzucker
50 g Butter

Ricotta-Zitronen-Eis
300 ml Milch
240 g Ricotta
3 EL saure Sahne
2 EL Honig
abgeriebene Schale und 2 EL Saft von 1 Bio-Zitrone
65 g Puderzucker

einige Blättchen Minibasilikum zum Garnieren, nach Belieben

Den Zucker in einem Topf karamellisieren lassen und mit dem Weißwein ablöschen.
Den Pfirsichsaft sowie die ausgekratzte Vanilleschote dazugeben und erhitzen. Die Pfirsiche waschen, halbieren und vom Kern befreien. Die Pfirsichhälften in den Sud legen und 4 Minuten darin ziehen lassen, bis sich die Haut löst. Dann die Früchte herausnehmen, von der Haut befreien und in einer Schüssel beiseitestellen. Den Sud durch ein Sieb gießen, erneut in den Topf geben und sirupartig einkochen lassen. Den Sirup über die Pfirsiche gießen.
Den Backofen auf 170 °C vorheizen. Die Yufkateigblätter nebeneinander auf die Arbeitsplatte legen, mit Eiweiß bestreichen, mit Puderzucker bestreuen und einmal zusammenklappen, sodass sie noch halb so groß sind. Dann die Butter darauf verstreichen und ebenfalls mit Puderzucker bestreuen. Die Blätter mit einem scharfen Messer in Dreiecke schneiden.
Ein Backblech mit Backpapier auslegen, die Teigstücke daraufgeben, mit Backpapier bedecken und mit einem Blech beschweren. Den Teig im Ofen backen, bis er goldgelb ist, das dauert etwa 8 Minuten.
Für das Ricotta-Zitronen-Eis alle Zutaten mit einem Stabmixer glatt verrühren und in einer Eismaschine gefrieren lassen.
Die Pfirsichhälften auf Teller setzen und mit dem Sirup beträufeln. Je eine Kugel Eis daraufsetzen, den Yufkateig leicht zerbröseln und darüberstreuen. Nach Belieben mit Minibasilikum garnieren.

Tipp: Statt der Pfirsiche können Sie auch kleine, türkische Honigaprikosen verwenden, die schön süß sind. Eine tolle, herbstliche Alternative sind eingelegte Preiselbeeren.

Türkischer Joghurt, Aprikosen, Nüsse und Himbeeren

Dieses wunderbar leichte Dessert mache ich gerne, wenn ich Freunde einlade und nicht viel Zeit in der Küche verbringen will, sondern mich lieber um meine Gäste kümmern möchte. Es ist schnell gemacht und schmeckt einfach jedem!

Für 4 Personen

Aprikosen
2 EL Zucker
200 ml Weißwein
300 ml Pfirsichsaft
1 ausgekratzte Vanilleschote
300 g reife Aprikosen

Nüsse
50 g Pistazienkerne
50 g Mandelstifte
50 g Puderzucker

Türkischer Joghurt
400 g türkischer Joghurt (10 % Fett)
2 EL Honig
125 g Himbeeren

Den Zucker in einem Topf karamellisieren lassen und mit dem Weißwein ablöschen.
Den Pfirsichsaft sowie die ausgekratzte Vanilleschote dazugeben und erhitzen. Die Aprikosen waschen, halbieren und vom Kern befreien. Die Aprikosenhälften in den Sud legen und 4 Minuten darin ziehen lassen, bis sich die Haut löst. Die Früchte aus dem Sud nehmen, von der Haut befreien und in einer Schüssel beiseitestellen. Den Sud durch ein Sieb gießen, erneut in den Topf geben, sirupartig einkochen lassen und über die Aprikosen geben.
Den Backofen auf 180 °C vorheizen. Pistazien und Mandeln im Ofen 8 Minuten rösten, dann in eine beschichtete Pfanne geben und nach und nach bei sanfter Hitze den Puderzucker darüberstreuen, sodass die Nüsse den Zucker aufnehmen.
Den Joghurt mit dem Honig mischen und abwechselnd mit Aprikosen und Himbeeren in Gläser schichten. Die Nüsse erst direkt vor dem Servieren über den Joghurt streuen, sonst ziehen sie Wasser und sind nicht mehr crunchy.

Tipp: Türkischer Joghurt mit Nüssen und Früchten ist nicht nur ein schnelles Dessert, sondern auch eine tolle Ergänzung zum Brunch oder ein guter Ersatz für Müsli zum Frühstück.

KÄSE, NÜSSE UND AUSGEFALLENES

Feta verarbeite ich sehr viel, meistens in Börek. Aber auch Ingwerfeta schmeckt toll: Dazu den Feta klein schneiden, etwas Pfeffer dazugeben, klein gehackten, eingelegten Ingwer mit etwas Saft unterheben und zum Schluss noch etwas abgeriebene Schale von einer Bio-Zitrone hinzufügen. Das passt gut als Dip zu frisch gebackenem Brot. Ich kaufe am liebsten griechischen Feta.

Rosenwasser verwenden wir gerne in Kombination mit Wassermelone: Die Melone wird darin mariniert und zu Feta vom Grill serviert, sie schmeckt aber auch mit Himbeeren, Erbsen und Garnelen sehr lecker. Auch Joghurteis lässt sich durch Rosenwasser wunderbar aromatisieren und passt dann hervorragend zu orientalischen Desserts wie *kadayif*. Bei der Dosierung sollte man wegen des starken Eigengeschmacks unbedingt vorsichtig sein. Lieber mit ganz wenig anfangen und dann peu à peu mehr dazugeben.

Kokos verwende ich meistens zu exotischen Gerichten. Das Aroma passt gut zu Krustentieren. Köstlich schmeckt auch Bio-Hähnchen in einer Kokospanade gebacken: Ich bereichere den klassischen Geschmack der Panade durch ein leichtes Kokosaroma. Auch Kokos-Tapioka mit Limette und Vanilleeis schmeckt superlecker.
Aus Kokosmilch und -saft kann man ein tolles Süppchen kochen, das mit etwas Limettensaft und Läuterzucker aromatisiert wird. Dazu serviere ich gerne etwas reife Mango oder Pfirsich.

Berberitzen schmecken schön säuerlich. Ich lege die getrockneten Beeren in Apfelsaft ein, dadurch bekommen sie noch eine leicht süße Note. Besonders toll schmeckt Mandel-Zimt-Reis mit Berberitzen. Aber ich gebe die Beeren auch gerne zu Kraut wie Spitzkohl, Wirsing oder Rotkohl.

Pistazienkerne verwenden wir sowohl im süßen als auch im salzigen Bereich. Wir machen Baklava daraus, heben sie klein gehackt unter orientalisches Gemüse oder streuen sie über Kürbishummus – das gibt ein schön nussiges Aroma. Meiner Meinung nach kommen die besten Pistazien aus dem Iran.

Pinienkerne verarbeite ich meistens in Füllungen. Wir machen zum Beispiel Ziegenkäse-Ravioli mit gerösteten Pinienkernen. Sehr gut passen sie auch zu Hähnchen-Paté: Ich mache geschmortes Hähnchen, hacke es grob und serviere das Ganze mit gerösteten Pinienkernen – das schmeckt sehr, sehr gut.

Sesam und Sesamöl verwende ich sehr viel bei mir in der Küche. Wir verarbeiten sowohl den schwarzen als auch den hellen. Weißen Sesam sollte man entweder geröstet kaufen oder selber rösten, dadurch entwickelt er sein volles Aroma. Wir machen im Dessertbereich gerne Sesam-Honig-Eis. Im salzigen Bereich bereiten wir unser Tahin selber zu. Das verwenden wir für Hummus, in Reisgerichten oder zu Gemüse. Es passt auch gut zu asiatischen Gerichten. Superlecker ist auch Spinatsalat mit Tahindressing und etwas geröstetem Sesam darübergestreut.

Sultaninen und Korinthen sind ein Muss in meiner Küche. Sultaninen sind helle Trauben, Korinthen kleine, schwarze Trauben. Wir verwenden beide, geschmacklich ist das kein allzu großer Unterschied. Zum Beispiel schmore ich weiße Zwiebeln »à la crème« (das heißt, ich gebe nach dem Schmoren Sahne dazu) und würze sie mit Sultaninen, Orangenzesten und Lorbeerblättern – das passt hervorragend als Gemüsebeilage zu Wild oder gebratener Entenbrust.

Zwetschgenmousse, Zimtbiskuit, geschmorte Zwetschgen

Für 4 Personen

Zimtbiskuit
2 Eier
150 g Zucker
1 Prise Salz
75 g Mehl
50 g Speisestärke
1 Msp. Zimt

Zwetschgen
300 g Zwetschgen
1 Zimtstange
80 g Zucker
1 ausgekratzte Vanilleschote

Zwetschgenmousse
3 Blatt Gelatine
200 g Zwetschgenmark
50 g Eigelb (2–3 Eigelb)
50 g Zucker
20 ml Zwetschgenschnaps
200 g Schlagsahne

Den Backofen auf 180 °C vorheizen. Die Eier trennen. Die Eigelbe mit 80 g Zucker schaumig schlagen. In einer zweiten Schüssel die Eiweiße mit dem Salz halbsteif schlagen, dann nach und nach den restlichen Zucker (70 g) zugeben und die Eiweiße zu einem sehr festen Schnee schlagen. Den Eischnee unter die Eigelbe ziehen. Mehl, Speisestärke und Zimt mischen, auf die Masse sieben und vorsichtig unterheben.
Ein Backblech mit Backpapier auslegen.
Einen eckigen Backrahmen daraufsetzen, die Biskuitmasse einfüllen und in 15–20 Minuten goldgelb backen; aus dem Ofen nehmen und gut auskühlen lassen. Den Backofen nicht ausschalten.
Die Zwetschgen waschen, halbieren und vom Kern befreien. Die Früchte mit der Zimtstange, dem Zucker und der Vanilleschote mischen, mit der Schnittfläche nach oben auf einem Blech verteilen und 12 Minuten im Ofen backen.
Die Haut der Zwetschgen lässt sich jetzt leicht abziehen, wer mag, kann dies tun. Die Früchte auf Raumtemperatur abkühlen lassen oder in den Kühlschrank stellen.
Für die Mousse die Gelatine in kaltem Wasser 15 Minuten einweichen. Währenddessen das Zwetschgenmark mit den Eigelben und dem Zucker über dem heißen Wasserbad schaumig schlagen. Die Masse sollte sich gut warm anfühlen. Die Gelatine ausdrücken und mit dem Schnaps in einem Topf unter Rühren bei geringer Temperatur auflösen. Die Gelatine unter die warme Eigelbmasse rühren, dann vom Wasserbad nehmen und so lange schlagen, bis sie sich nicht mehr warm anfühlt.
Die Sahne steif schlagen und in drei Etappen unterheben. Die Mousse auf dem Biskuit verteilen.
Den Biskuit 5 Stunden gut durchkühlen lassen, dann den Backrahmen entfernen. Anschließend mit einem scharfen Messer, welches immer wieder in heißes Wasser getaucht wird, schneiden.
Die Stücke mit den geschmorten Zwetschgen auf Tellern anrichten.

Tipp: Dazu passen auch süße Sesamstangen: Hierfür bestreiche ich Blätterteig mit etwas Ei, streue Sesam und Puderzucker darauf und schneide den Teig in Rechtecke. Nach dem Backen im Ofen gebe ich noch etwas Honig darüber.

Champagnermousse, Traube, Haselnusseis

Da Champagner eine gewisse Säure mitbringt, verwende ich am liebsten kleine türkische Sultana-Trauben ohne Kern für dieses Dessert. Sie haben eine schöne Süße, die mit dem Champagner sehr gut harmoniert. Zusammen mit dem nussigen Aroma des Eises ist das eine super Kombination.

Für 4 Personen

Champagnermousse
3 Eigelb
120 ml Champagner
90 g Zucker
2 Blatt Gelatine
1 Eiweiß
1 Prise Salz
90 g Schlagsahne

Trauben
200 g Trauben
Saft von ¼ Zitrone
1 EL Honig

Haselnusseis
280 ml Milch
280 g Schlagsahne
110 g Zucker
100 g Haselnusskerne, gehackt
80 g Eigelb (etwa 4 Eigelb)

Die Eigelbe in eine Edelstahlschüssel geben. Den Champagner mit 70 g Zucker aufkochen und sofort unter ständigem Rühren zu den Eigelben geben. Die Gelatine in kaltem Wasser einweichen, gut ausdrücken und unter Rühren in der Eigelbmasse auflösen. Die Masse über einem Eiswasserbad kalt rühren, bis sie zu gelieren beginnt.
Das Eiweiß mit dem Salz steif schlagen. Sobald es beginnt, fest zu werden, den restlichen Zucker (20 g) einrieseln lassen. Die Sahne aufschlagen. Zuerst den Eischnee und dann die Sahne unter die Eigelbmasse heben. Die Mousse in Gläser füllen und kalt stellen.
Die Trauben waschen, halbieren und mit Zitronensaft und Honig marinieren. Auf der Mousse verteilen.

Für das Haselnusseis den Backofen auf 180 °C vorheizen.
Die Milch und die Sahne mit dem Zucker aufkochen und vom Herd nehmen. Die gehackten Nüsse auf einem Backblech verteilen und im Ofen rösten, bis sie goldbraun sind; zu der Flüssigkeit geben und möglichst 2 Stunden darin ziehen lassen.
Die Milch-Sahne-Mischung nochmal sprudelnd aufkochen lassen und dann unter ständigem Rühren auf einmal zu den Eigelben geben. Die Flüssigkeit durch ein Sieb streichen und dann über einem Eiswasserbad kalt rühren. Die Eismasse in der Eismaschine gefrieren lassen.
Aus dem Eis Nocken formen und auf der Mousse servieren.

PAGEOU

PAGEOU

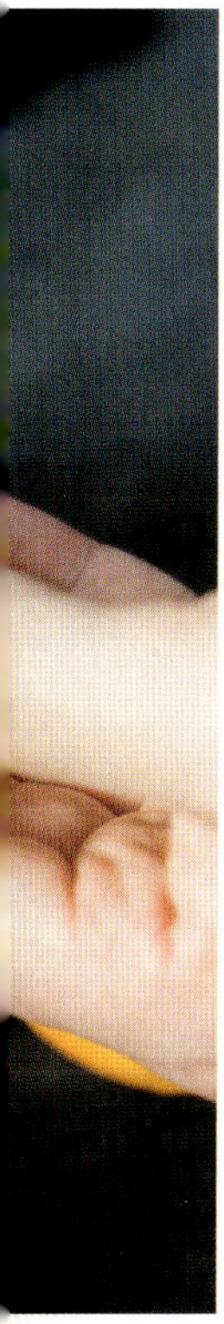

Gin-Tonic-Sorbet, Gurke, Passionsfrucht

Dieses Rezept ist eigentlich zufällig entstanden. Mein Team und ich hatten uns im Pageou Gin Tonics mit Gurke gemacht. Da kam mir die Idee, einfach mal einen einzufrieren, um zu sehen, ob man daraus ein Sorbet machen kann. Unsere Stammgäste durften die Kreation testen – und weil sie gut ankam, steht das Sorbet nun öfter auf der Karte.

Für 4 Personen

Gin-Tonic-Sorbet
2 g Pectagel Rose
(pflanz. Eisstabilisator)
70 g Zucker
360 ml Tonic Water
40 ml Limettensaft
60 ml Gin

Gurke und Passionsfrucht
1 Stück Salatgurke
1 Passionsfrucht

Das Pectagel Rose mit dem Zucker vermengen. Tonic Water und Limettensaft zum Kochen bringen. Die Stabilisator-Zucker-Mischung dazugeben und 10 Sekunden köcheln lassen. Die Flüssigkeit durch ein Sieb gießen und abkühlen lassen. Dann den Gin unterrühren und alles in einer Eismaschine gefrieren lassen. Die Gurke waschen und aus dem Fruchtfleisch mit einem kleinen Kugelausstecher Perlen ausstechen. Wer diesen nicht hat, kann das Fruchtfleisch in kleine Würfel schneiden, dann zuvor das weiche Innere samt Samen aus der Gurke schaben.

Die Passionsfrucht halbieren und mit einem Löffel das Fruchtfleisch herauskratzen. Passionsfrucht und Gurke mischen und in Sorbetgläser geben. Eine Kugel vom Sorbet abstechen und darauf servieren.

Tipp: Eine Kugel Gin-Tonic-Sorbet kann man auch wunderbar mit etwas Yuzu-Sake verfeinern. Die frische Säure der Yuzu passt super zum kühlen Eis.

Vanille-Mascarpone-Creme, Zwetschgen, Mohneis

Frische Zwetschgen lassen sich auf diese Weise auch sehr gut einwecken. Einfach wie im Rezept beschrieben zubereiten, mit etwas Alkohol haltbar machen, einwecken und für den Winter aufheben. So hat man auch in der kalten Jahreszeit schnell ein bisschen Spätsommer auf dem Teller.

Für 4 Personen

Vanille-Mascarpone-Creme
1 Vanilleschote
250 g Mascarpone
250 g Schlagsahne
80 g Puderzucker

Mohneis
250 ml Milch
250 g Schlagsahne
80 g Zucker
6 Eigelb
1 EL Mohnpaste (im türkischen Supermarkt)

Zwetschgen
500 g Zwetschgen
100 g Zucker
1 Zimtstange
1 ausgekratzte Vanilleschote (von der Vanille-Mascarpone-Creme)

einige Blättchen Roter Klee zum Garnieren, nach Belieben

Das Mark aus der Vanilleschote herauskratzen und die Schote für die Zwetschgen aufbewahren. Das Vanillemark mit allen anderen Zutaten für die Vanille-Mascarpone-Creme in einer Küchenmaschine aufschlagen. Die Creme in Schalen füllen und kalt stellen.
Für das Mohneis die Milch mit der Sahne und dem Zucker aufkochen. Die Eigelbe in eine hohe Schüssel geben, die kochende Flüssigkeit auf einmal hinzufügen und beides zügig mit einem Schneebesen miteinander verrühren. Die Mohnpaste zugeben und die Mischung über einem Eiswasserbad kalt rühren. Dann die Masse in einer Eismaschine gefrieren lassen.
Den Backofen auf 200 °C vorheizen. Die Zwetschgen waschen, halbieren und entsteinen. Die Früchte in eine ofenfeste Form geben, Zucker, Zimtstange und Vanilleschote hinzufügen und alles gut vermengen. Die Zwetschgen im Ofen 10 Minuten garen, herausnehmen und etwas abkühlen lassen. Die Creme auf Tellern anrichten und auf jede Portion eine Nocke Mohneis geben.Die Früchte samt Flüssigkeit drumherum drapieren. Einige Blättchen Roter Klee passen optisch perfekt.

Tipp: Im Winter kann man statt Mohneis auch Lebkuchen- oder Spekulatiuseis zu den eingeweckten Zwetschgen (siehe oben) servieren und hat so ein tolles weihnachtliches Dessert.

Zitrusfruchtsalat, Kaffeeeis, Weinschaum-Espuma

Dies ist ein tolles Winterdessert, denn die Zitrusfrüchte schmecken einfach am besten, wenn sie richtig schön reif sind, und das ist etwa ab November der Fall. Auch Mandarinen schmecken wunderbar in diesem Salat.

Für 4 Personen

Zitrusfruchtsalat
2 Orangen
3 Grapefruits
500 ml, plus 2 EL Orangensaft
½ Pomelo
80 g Zucker
Mark von ½ Vanilleschote
1 TL Speisestärke

Kaffeeeis
250 g Schlagsahne
250 ml Milch
80 g Zucker
1 EL Kaffeebohnen, plus mehr zum Garnieren
6 Eigelb

Weinschaum-Espuma
60 ml trockener Weißwein
3 Eigelb
Mark von ¼ Vanilleschote
30 g Zucker

Für den Zitrusfruchtsalat Orangen und Grapefruits mitsamt der weißen Innenhaut schälen und die Fruchtfilets herausschneiden. Den Saft aus den verbliebenen Trennhäuten pressen und zu den 500 ml Orangensaft geben.
Die Pomelo ebenfalls schälen. Die Segmente von den Häuten befreien und etwas kleiner zupfen, sodass sie in etwa so groß sind wie die Orangen- und Grapefruitfilets.
Den Zucker in einem Topf karamellisieren lassen. Mit dem Orangen-Grapefruit-Saft ablöschen und diesen auf die Hälfte einkochen lassen. Das Vanillemark hinzufügen und mitkochen lassen. Die Speisestärke in dem restlichen Orangensaft (2 EL) auflösen und den reduzierten Orangensaft damit etwas abbinden. Die Fruchtfilets mit dem warmen Saft übergießen und kalt stellen.

Für das Kaffeeeis die Sahne mit der Milch, dem Zucker und den Kaffeebohnen in einen Topf geben und aufkochen. Die Eigelbe in eine Schüssel geben, die kochende Sahnemilch hinzufügen und beides zügig mit einem Schneebesen verrühren. Die Schüssel über ein Eiswasserbad stellen. Die Mischung kalt rühren, durch ein Sieb streichen, in eine Eismaschine geben und gefrieren lassen.
Für die Weinschaum-Espuma alle Zutaten in eine runde Edelstahlschüssel geben und über dem heißen Wasserbad schaumig schlagen, bis die Creme schön warm ist, so wird sie besonders luftig. Die Espuma zu Fruchtsalat und Eis reichen. Mit zerstoßenen Kaffeebohnen bestreuen.

Topfenmousse, geschmorte Birne

Topfen habe ich erst in Deutschland kennengelernt und finde ihn sehr vielfältig einsetzbar – auch im herzhaften Bereich. Ich gebe ihn zum Beispiel auch gern in meinen Spätzleteig. Topfenmousse ist ein Klassiker, den ich immer wieder gerne esse und zubereite.

Für 4 Personen

Topfenmousse
125 g Topfen, nicht abgetropft
abgeriebene Schale von ½ Bio-Zitrone
abgeriebene Schale von ½ Bio-Orange
Mark von ½ Vanilleschote
10 ml Grand Marnier
2 Eiweiß
1 Prise Salz
75 g Zucker
250 g Schlagsahne

Birne
4 Birnen
2 EL brauner Zucker
500 ml Apfelsaft
Saft von 1 Zitrone
Mark von ½ Vanilleschote
½ TL Speisestärke

Den Quark mit Zitronen- und Orangenschale, Vanillemark und Grand Marnier verrühren.
Die Eiweiße mit einem Handrührgerät steif schlagen. Nach 20 Sekunden das Salz sowie den Zucker langsam einrieseln lassen. Den Eischnee unter den Quark heben, er verleiht zusätzliches Volumen. Die Sahne steif schlagen und unter die Masse ziehen. Die Mousse in Schalen füllen und kalt stellen.
Die Birnen schälen, vierteln und vom Kerngehäuse befreien. Die Viertel in Spalten schneiden. Den braunen Zucker in einem Topf karamellisieren lassen und mit dem Apfelsaft ablöschen. Die Birnenspalten sowie den Zitronensaft und das Vanillemark zugeben.
Die Birnenspalten so lange kochen lassen, bis sie weich sind. Dann die Früchte aus dem Sud nehmen und den Apfelsaft auf 150 ml einkochen lassen.
Die Speisestärke in 1 EL kaltem Wasser auflösen und unter ständigem Rühren zu dem köchelnden Apfelsaft geben. Den angedickten Saft über die Birnenspalten gießen und diese kalt stellen.
Die geschmorte Birne auf die Mousse geben und das Dessert servieren.

Kalamansi-Mango-Mousse, Datteln, Rosenwasser-Joghurt-Eis

Kalamansi haben ein leicht bitteres Aroma. Die Mango passt daher super dazu, weil sie die Süße mitbringt, die der Kalamansi fehlt. Wichtig ist, dass die Mango auch schön reif (und wirklich süß) ist. Rosenblütenblätter geben dem Ganzen optisch noch das gewisse Etwas.

Für 4 Personen

Kalamansi-Mango-Mousse
3 Blatt Gelatine
150 g Schlagsahne
100 g Mangomark
100 g, plus 2 EL Kalamansimark
60 g Eigelb (etwa 3 Eigelb)
50 g Zucker

Datteln
8 getrocknete Datteln

Rosenwasser-Joghurt-Eis
190 g saure Sahne
190 g türkischer Joghurt
150 g Puderzucker
125 g Schlagsahne
40 ml Zitronensaft
1 EL Rosenwasser

getrocknete Rosenblütenblätter zum Garnieren, nach Belieben
einige Blättchen Minze zum Garnieren, nach Belieben

Die Gelatine in kaltem Wasser einweichen. Die Sahne steif schlagen und in den Kühlschrank stellen. Das Mango- und 100 g Kalamansimark mit den Eigelben und dem Zucker über dem Wasserbad heiß aufschlagen. Die Masse sollte sich warm anfühlen und ein schönes Volumen haben.
Die Gelatine ausdrücken, mit dem restlichen Kalamansimark (2 EL) in einen kleinen Topf geben und unter Rühren bei geringer Temperatur auflösen. Die flüssige Gelatine unter ständigem Rühren in die warme Frucht-Ei-Masse geben. Die Eimasse vom Wasserbad nehmen und mithilfe eines Handrührgeräts kalt schlagen.
Sobald sich der Schaum nicht mehr warm anfühlt, die Sahne vorsichtig unterheben.
In Schalen füllen und kalt stellen.
Die Datteln halbieren, vom Kern befreien und auf der Mousse verteilen.
Für das Joghurteis alle Zutaten mit einem Stabmixer verrühren und in der Eismaschine gefrieren lassen.
Aus dem Eis Nocken formen und diese auf die Mousse setzen. Nach Belieben mit Rosenblütenblättern und Minze garnieren.

Tipp: Ich verarbeite Mango gerne im Sommer, wenn die Frucht Saison hat. Im Juni und Juli verwende ich am liebsten Mango aus Pakistan, da sie einen guten Zuckergehalt hat.

Sauerrahm-Limetten-Tarte, Himbeersorbet

Für 4 Personen

Tarteboden
100 g Butter
200 g Mehl
8 g Backpulver
2 g Salz
2 Eigelb
80 g Zucker
Mark von 1 Vanilleschote
getrocknete Erbsen zum Blindbacken

Füllung
200 g saure Sahne
50 g Zucker
abgeriebene Schale von 1 Bio-Limette
20 g Speisestärke
1 Ei
1 Eigelb
125 g Himbeeren zum Garnieren

Himbeersorbet
500 g Himbeerfruchtmark
50 ml Glucosesirup
100 g Zucker
Saft von ½ Zitrone

Butter, Mehl, Backpulver und Salz in einer Schüssel zu Streuseln verkneten. Eigelbe, Zucker und Vanillemark in einer zweiten Schüssel schaumig rühren. Die Streusel dazugeben und alles zu einem Teig verkneten. Den Teig im Kühlschrank 1 Stunde ruhen lassen.

Den Ofen auf 200 °C vorheizen. Die saure Sahne mit Zucker, Limettenschale und Speisestärke mit einem Schneebesen glatt verrühren, dann erst Ei und Eigelb zugeben, damit keine Klümpchen entstehen.

Den Teig aus dem Kühlschrank nehmen, ausrollen und vier Tarteformen (8 cm Durchmesser) damit auslegen. Die Teigböden mit einer Gabel einstechen und so mit Backpapier auslegen, dass es ringsum etwa 1 cm über den Rand hinausragt. Die getrockneten Erbsen in die Förmchen füllen und die Böden im Ofen in etwa 15 Minuten goldgelb und knusprig blindbacken.

Die Formen aus dem Ofen nehmen, die Erbsen samt Backpapier herausnehmen und die Ofentemperatur auf 120 °C reduzieren. Die Sahnemasse auf die Formen verteilen und die Tartes etwa 30 Minuten backen, bis die Füllung gestockt ist.

Inzwischen für das Himbeersorbet alle Zutaten mit 100 ml Wasser vermengen und einmal aufkochen lassen. Über einem Eiswasserbad kalt rühren und in einer Eismaschine gefrieren lassen.

Die Tartes aus dem Ofen nehmen und lauwarm servieren. Je eine Kugel Himbeersorbet dazu servieren, und die Tartes mit den frischen Himbeeren garnieren.

Tipp: Wer Sorbet nicht so gerne mag, kann ganz klassisch auch eine Kugel Vanille- oder Erdbeer-Sauerrahm-Eis zur Tarte essen.

Asiamarinade

Ergibt 400 ml

75 g Zucker, 125 ml Limettensaft, ½ kleine Knoblauchzehe, 1 Msp. Chilipulver, 5 g Ingwer, 1 EL fein gehacktes Koriandergrün, Salz, 50 ml Geflügelfond, 1–2 EL geriebene Kartoffeln, 40 ml Maiskeimöl

Den Zucker mit etwas Wasser zu einem hellen Karamell kochen und diesen mit dem Limettensaft und 200 ml Wasser ablöschen.
Knoblauch, Chilipulver, Ingwer, Koriandergrün und Salz zugeben und die Marinade etwa 15 Minuten leise köcheln lassen.
Den Geflügelfond dazugießen und die Marinade nochmals aufkochen lassen. Die geriebenen Kartoffeln zugeben und etwa 3 Minuten kochen lassen, sie verleihen der Marinade eine gewisse Bindung. Die Flüssigkeit durch ein Sieb streichen, dann das Maiskeimöl unterschlagen.

Tipp: Diese Marinade ist sehr vielfältig einsetzbar. Sie passt nicht nur zu Salat, sondern ist lauwarm aufgewärmt auch ein toller Begleiter für Fisch oder kurzgebratenes Fleisch.

Balsamico-Vinaigrette

Ergibt 450 ml

100 ml Balsamicoessig, 50 g Zucker, 3 TL Salz, 300 ml Olivenöl

Den Balsamicoessig mit 50 ml Wasser mischen und Zucker und Salz unter Rühren darin auflösen. Das Olivenöl dazugeben und nicht zu stark verrühren.

Bärlauchpesto

Für 4 Personen

1 EL Pinienkerne, 1 Bund Bärlauch, 2 EL frisch geriebener Parmesan, 125 ml Olivenöl, Salz, Pfeffer

Die Pinienkerne in einer Pfanne ohne Fettzugabe rösten. Die Kerne mit Bärlauch, Parmesan und Olivenöl pürieren und das Pesto mit Salz und Pfeffer abschmecken. Wenn nötig, mehr Olivenöl dazugeben.

Braune Butter

Ergibt 250 g

250 g Butter

Die Butter bei mittlerer Temperatur zerlassen. Nach 8–10 Minuten färbt der Schaum sich braun, dann die Butter durch ein mit Küchenpapier ausgelegtes Sieb gießen.

Türkisches Fladenbrot Pide

Für 4 Personen

600 g Mehl, 15 g frische Hefe, 5 EL Milch, 60 g weiche Butter, 1 TL Salz, 1 TL Ras el-Hanout (s. S. 111), 1 TL Ducca (s. S. 110), 2 Eigelb,verquirlt, 2 EL Sesam, 2 TL Schwarzkümmel, Mehl zum Verarbeiten, Butter oder Backpapier für das Backblech

Das Mehl in eine Schüssel geben und die Hefe dazubröckeln. Die Milch mit 250 ml Wasser lauwarm erwärmen und mit der Butter, dem Salz und den Gewürzen zum Mehl geben. Alles mit den Händen oder den Knethaken des Handrührgeräts in 5–10 Minuten zu einem glatten Teig kneten. Den Teig abdecken und an einem warmen Ort

45 Minuten gehen lassen, bis er sein Volumen verdoppelt hat.
Ein Backblech einfetten oder mit Backpapier auslegen. Den Teig auf der bemehlten Arbeitsfläche noch einmal durchkneten und zu einem großen runden oder zwei kleinen ovalen Fladen formen. Die Fladen auf das Blech legen, mit Eigelb bestreichen, mit Sesam und Schwarzkümmel bestreuen und nochmals 30 Minuten gehen lassen. Währenddessen den Backofen auf 180 °C vorheizen. Die Brote im Ofen in etwa 25 Minuten leicht braun und knusprig backen.

Nudelteig

Für 4 Personen

500 g Mehl Type 405, 1 EL Salz, 20 Eigelb, 100 g weiche Butter

Mehl und Salz vermischen, mit Eigelben und Butter verkneten. Den Nudelteig etwa 1 Stunde im Kühlschrank ruhen lassen, dann weiterverarbeiten.

Geflügeljus

Ergibt 200 ml

300 g Zwiebeln, 300 g Karotten, 300 g Sellerie, 200 g Lauch, 50 ml Rapsöl, 1 kg Geflügelknochen (Karkassen; zerhackt), 100 g Tomatenmark, 600 ml Rotwein, 2 Lorbeerblätter, 4 Pfefferkörner, 2 Zweige Thymian, 1 Bund Petersilie

Die Zwiebeln abziehen, Karotten und Sellerie schälen und alles in walnussgroße Stücke schneiden. Den Lauch in Ringe schneiden. Das Rapsöl in einem großen Topf erhitzen und die Knochen darin anbraten, Zwiebeln, Karotten und Sellerie dazugeben und mitbraten. Das Tomatenmark hinzufügen und kurz anrösten. Alles mit dem Rotwein ablöschen und diesen auf die Hälfte einkochen lassen. Dann 1 l Wasser, Lauch, Lorbeer, Pfeffer, Thymian und Petersilie dazugeben und 2 Stunden köcheln lassen. An der Oberfläche entstehenden Schaum regelmäßig abschöpfen. Am Ende der Kochzeit die Jus durch ein Sieb streichen.

Kalbsjus/Wildjus/Rehjus

Ergibt 200 ml

250 g Karotten, 200 g Knollensellerie, 250 g Zwiebeln, 2 Knoblauchzehen, 300 g Tomaten, 100 g Champignons, 2 TL Rapsöl, 2 kg Kalbs- oder Wild-(Reh-)knochen, zerhackt, 500 g Kalbsschwänze oder Reste vom Wild, 4 TL Tomatenmark, 1 Lorbeerblatt, 1 Zweig Thymian, 1 TL Pfefferkörner, 4 Wacholderbeeren, 2 Pimentkörner, 500 ml trockener Rotwein

Das Gemüse schälen, Zwiebeln und Knoblauch abziehen und alles grob würfeln. Die Tomaten blanchieren, enthäuten und grob würfeln. Die Champignons vierteln. Das Öl in einem Topf erhitzen. Knochen und Fleisch darin scharf anbraten. Karotten, Sellerie, Zwiebeln, Knoblauch und Pilze dazugeben und mitbraten, dann Tomaten und Tomatenmark hinzufügen und ebenfalls rösten. Kräuter und Gewürze hineingeben, nach und nach mit dem Rotwein ablöschen, den Wein dazwischen immer wieder einköcheln lassen. 2,5 l Wasser angießen und alles 2 Stunden bei niedriger Temperatur offen köcheln lassen. Entstehenden Schaum regelmäßig abschöpfen. Die Flüssigkeit durch ein Sieb streichen und die Jus 1 weitere Stunde auf etwa 200 ml einkochen lassen.

Tipp: Wenn man Wild- oder Rehjus ansetzt, kann man zusätzlich zum Rotwein noch mit 100–200 ml Portwein ablöschen. Die Süße passt gut zu Wildgerichten. Die Flüssigkeit wie im Rezept beschrieben gut einköcheln lassen.

Glossar

Aioli ist eine kalte Knoblauchcreme aus Südfrankreich, die traditionell überwiegend aus Knoblauch und Olivenöl zubereitet wird. Gelegentlich wird je nach Rezept zum Emulgieren Eigelb zugegeben. In Spanien wird Aioli gerne zu Tapas gereicht.

Amalfi-Zitronen (s. S. 154) sind – wenn sie Saison haben – auf gut sortierten Obst- und Gemüsemärkten erhältlich.

Anapurna-Currypulver (s. S. 110) ist im Internethandel erhältlich.

Baba ganoush ist ein Püree aus gerösteten Auberginen und Sesammus. Das klassische Mezze-Gericht kommt ursprünglich aus dem Libanon.

Baharat (s. S. 110) ist im türkischen Supermarkt und im Internethandel erhältlich.

Berberitzen (s. S. 192) gibt es im türkischen Supermarkt oder im Internethandel.

Börek ist die türkische Variante eines Strudels, der zum Beispiel mit Hackfleisch, Spinat und/oder Schafskäse gefüllt wird. Für die Herstellung wird Yufkateig verwendet.

Bouchot-Muscheln sind kleine Miesmuscheln aus der Bretagne. Man bekommt sie im Fisch- und Feinkostladen.

Burrata ist ein Frischkäse, der meistens aus Kuhmilch hergestellt wird. Er ähnelt Mozzarella, hat aber ein cremiges Inneres und einen höheren Fettanteil. Erhältlich im gut sortierten Käseladen.

Cipollini sind kleine, flache Zwiebeln, die ein milderes Aroma als Schalotten haben. Sie können sehr gut als Gemüse(beilage) verwendet werden. Gibt es im Frühjahr im gut sortierten Gemüseladen und auf dem Markt.

Confit bezeichnet üblicherweise in Fett und Salz gekochtes und auf diese Weise haltbar gemachtes Fleisch. Die südfranzösische Spezialität wurde früher vor allem mit Gänse-, Enten- oder Schweinefleisch zubereitet. Heute verwendet man die Bezeichnung »Confit« auch für meist mit Essig würzig gekochtes Gemüse, beispielsweise Zwiebeln oder Tomaten, oder Fruchtconfits.

Ducca (s. S. 110) ist im türkischen Supermarkt und im Internethandel erhältlich.

Falafel sind orientalische, frittierte Bällchen aus Bohnen oder Kichererbsen, Kräutern und Gewürzen.

Fenchelsamen (s. S. 68) kann man im Bio-Supermarkt und im Internethandel kaufen.

Fregola Sarda ist eine Pastaspezialität aus Sardinien. Die Hartweizengrießnudeln werden bei der Herstellung so gedreht, dass kleine Kugeln in der Größe von Pfefferkörnern entstehen. Anschließend werden die Nudeln im Ofen geröstet, wodurch sie ihre besondere Farbe und ihren charakteristischen Geschmack bekommen. Erhältlich im Internethandel (zum Beispiel bei bosfood.de).

Gremolata ist eine Kräuter-Würzmischung, die klassischerweise aus Petersilie, Knoblauch und Zitronenzesten zubereitet wird.

Grenaille-Kartoffeln (auch Drillinge oder Babykartoffeln genannt) sind kleine, schmackhafte Kartoffeln, die man mit Schale essen kann. Im gut sortierten Gemüseladen, auf dem Markt oder im Supermarkt erhältlich.

Harissa (s. S. 110) ist im gut sortierten Supermarkt oder im Internethandel erhältlich.

Kalamansi ist eine Kreuzung aus Kumquat und Mandarine. Die Zitrusfrucht schmeckt sowohl süß als auch leicht säuerlich. Die leicht bittere Schale ist essbar. Erhältlich im Asialaden.

Kebab bezeichnet ursprünglich in Würfel geschnittenes und gegrilltes Kalbfleisch.

Kreuzkümmel (auch Cumin genannt, s. S. 68) ist im gut sortierten Gewürzregal im Supermarkt erhältlich.

Maulbeeren (s. S. 155) sind im türkischen Supermarkt erhältlich.

Mispeln (s. S. 155) kann man während der Saison etwa von April bis Juni auf gut sortierten Obst- und Gemüsemärkten und im Bio-Supermarkt kaufen.

Nanaminze (s. S. 42) wird auch orientalische oder marokkanische Minze genannt.

Osmanisches Gewürz (s. S. 111) kauft man am besten während des nächsten Istanbul-Urlaubs auf dem Gewürzmarkt.

Paillard ist ein sehr dünnes, plattiertes Stück Fleisch – klassischerweise vom Rind oder Kalb.

Pancetta ist luftgetrockneter Bauchspeck vom Schwein, der je nach Region mit Kräutern wie Rosmarin und Salbei gewürzt wird.

Pane Carasau ist sardisches, sehr dünnes, getrocknetes Fladenbrot aus Weizenmehl, Hefe und Salz. Durch das zweifache heiße Backen ist es sehr lange haltbar. Angeboten wird es im italienischen Feinkostladen.

Panzanella ist ein traditioneller Brotsalat aus der Toskana, der ursprünglich ein Arme-Leute-Essen war, da trockenes, altes Brot dafür verwendet wird.

Papadam ist ein sehr dünner, knuspriger Fladen aus Linsenmehl, der in Öl ausgebacken wird. Erhältlich in orientalischen Supermärkten.

Physalis (s. S. 155), auch Kap-Stachelbeere genannt.

Ras el-Hanout (s. S. 111) ist im gut sortierten Supermarkt erhältlich.

Räuchermehl verwendet man meist zum Räuchern von Fleisch und Fisch. Es handelt sich dabei um sehr feine Holzspäne, die im Baumarkt oder im Internethandel erhältlich sind.

Risoni sind reiskornförmige Nudeln, die man auch unter dem Namen Orzo oder Kritharaki kennt. Gibt es in jedem gut sortierten Supermarkt zu kaufen.

Safranpulver (s. S. 68) kann alternativ zu Safranfäden verwendet werden.

Salsiccia ist eine pikant gewürzte Wurst aus magerem Schweinefleisch und Speck. Die italienische Spezialität gibt es im (italienischen) Feinkostladen und beim gut sortierten Metzger.

Samosas sind dreieckige gefüllte Teigtaschen aus Indien und Pakistan. Sie werden beispielsweise mit Gemüse, Reis und Kartoffeln oder Fleisch gefüllt und in Öl frittiert oder im Ofen gebacken.

Sashimi ist in der japanischen Küche eine beliebte Zubereitungsart von rohem Fisch, bei der der Fisch auf bestimmte Weise filetiert und angerichtet wird. Die dazu notwendige Qualität und Frische des Fischs wird im Handel als Sashimi(-Qualität) bezeichnet.

Schwarzwurzeln sind ein Wintergemüse und wurden früher auch »Spargel der armen Leute« genannt, haben aber einen etwas milderen, leicht nussigen Geschmack. Nach dem Schälen sollte man die Stangen gleich in etwas Milch oder Zitronenwasser legen, damit sie nicht braun werden. Gibt es von Oktober bis April auf dem Markt und beim Gemüsehändler.

Sucuk ist eine Gewürzwurst aus der Türkei, die aus Rind- und Lammfleisch besteht und mit Kreuzkümmel, Chili und Knoblauch gewürzt wird. Erhältlich im gut sortierten Supermarkt oder beim türkischen Metzger.

Sumach (s. S. 68) ist im türkischen Supermarkt erhältlich.

Taboulé ist ein arabischer Bulgursalat, der häufig mit Petersilie und Minze zubereitet wird.

Taggiasca-Oliven aus Ligurien sind klein, fleischig und besonders aromatisch. Sie können grün oder braun sein.

Türkischer Joghurt hat mit 10% Fett einen höheren Fettanteil als normaler Joghurt. Durch die stichfeste Konsistenz ist er für die Zubereitung von Saucen und Dips wie Tsatsiki geeignet. Erhältlich im gut sortierten oder türkischen Supermarkt.

Vadouvan (s. S. 111) ist im Internethandel erhältlich.

Yufkateig sind dünne, dem Strudelteig ähnliche Teigblätter zum Beispiel für Börek. Erhältlich im gut sortierten oder türkischen Supermarkt. Alternativ kann man auch Filoteig verwenden.

Zucchiniblüten haben einen leicht süßen, nussigen Geschmack. Erhältlich sind sie von April bis Juni auf gut sortierten Obst- und Gemüsemärkten.

Register

S

Dank

Der größte Dank geht an meine Familie und an meine Kinder, die viel auf mich verzichten mussten, für die großartige Unterstützung. Ein Riesen-Dankeschön an Karl Ederer, meinen Mentor und Freund, der mich als würdigen Nachfolger für sein Restaurant gesehen hat.
Ich möchte mich außerdem bei allen bedanken, die an diesem Buch beteiligt waren. Ganz besonders bei Thomas Ludwig für die tolle Mitwirkung am Buch und meinen Köchen Florian Schwarz, Christian Wurmsam, Fabian Höckenreiner, Matthias Spitzweg, Dejan Bulatovic und Stefan Klimt. Ich möchte mich auch bei Sandra Eckhardt und Michael Koch für die tollen Fotos, Sarah Holzwarth für die Unterstützung bei den Texten sowie Monika Schlitzer und Anne Heinel vom DK Verlag bedanken.

Der Autor

Ali Güngörmüs ist Spitzen- und TV-Koch mit eigenem Restaurant in München. Im Fernsehen hat er sich als charmanter und begeisterungsfähiger TV-Koch in Sendungen wie »Die Küchenschlacht«, »Grill den Profi« und der NDR-Reihe »Tipps & Trends« einen Namen gemacht. Mit seinem 2005 eröffneten Lokal *Le Canard Nouveau* wurde er 2006 als erster türkischstämmiger Koch weltweit mit einem Michelin-Stern ausgezeichnet. Mit dem *Pageou* in München besann er sich 2014 auf seine Wurzeln und widmet sich dort mediterran-orientalischen Genüssen.

Rezepte Ali Güngörmüs
Mitarbeit Rezepte Thomas Ludwig
Texte Ali Güngörmüs
Mitarbeit Texte Sarah Holzwarth
Fotografie Sandra Eckhardt
Foodstyling Michael Koch, Thomas Ludwig
Coverfoto Sandra Eckhardt
Lektorat Anja Ashauer-Schupp
Innengestaltung, Covergestaltung, Typografie, Realisation
Sibylle Schug, Barbara Mally, Astrid Shemilt

Für den DK Verlag:
Programmleitung Monika Schlitzer
Redaktionsleitung, Projektbetreuung
Anne Heinel
Herstellungsleitung Dorothee Whittaker
Herstellungskoordination Arnika Marx
Herstellung Inga Reinke

ISBN 978-3-8310-3643-1

Repro Farbsatz, Neuried/München
Druck und Bindung Leo Paper Products, China

MIX
Papier aus verantwortungsvollen Quellen
FSC www.fsc.org FSC® C020056

Hinweis
Die Informationen und Ratschläge in diesem Buch sind vom Autor und vom Verlag sorgfältig erwogen und geprüft, dennoch kann eine Garantie nicht übernommen werden. Eine Haftung des Autors bzw. des Verlags und seiner Beauftragten für Personen-, Sach- und Vermögensschäden ist ausgeschlossen.

Soweit nicht anders angegeben, beziehen sich die Temperaturangaben für den Ofen auf Ober- und Unterhitze. Bei Umluft verringert sich die Temperatur um etwa 20 °C. Beachten Sie hierzu gegebenenfalls auch die Angaben des Herstellers.

Der Verlag dankt für die freundliche Unterstützung für das Foodfotoshooting:
Annika Schüler (Keramik)
Gabi Rittmaier (Keramik)
Room to Dream, Sabine Stadtherr
PLAYGROUND (distributed by Bauscher)
Die Fliese
Atelier Harald Sulak (Untergründe)

www.dorlingkindersley.de